Christian Teubner

Les Desserts

Introduction et conseils pratiques

Avec ce nouveau livre de cuisine illustré de photos tout en couleurs, nous avons voulu satisfaire tous les amateurs de desserts, et ils sont nombreux ! Ils y trouveront des recettes variées, des plus classiques aux plus originales, des plus simples aux plus sophistiquées. Quel délice ! vous dira-t-on lorsque vous les offrirez à table. Un bon dessert n'est-il pas le couronnement d'un repas réussi ?

Déjà appréciés dans l'Antiquité par les Grecs et les Romains, les desserts étaient essentiellement constitués de fruits frais ou secs, de laitages et de miel, et ils se dégustaient à la fin ou au cours d'un repas. Par la suite, en France, au Moyen Age, on y a adjoint des préparations telles que gelées, flans, compotes, qui se servaient entre les différents mets, « pour rafraîchir », puis enfin des compositions de plus en plus élaborées ont vu le jour : biscuits, crèmes, fruits déguisés, etc.

L'apparition tardive du dessert dans la grande cuisine a été liée à celle du sucre, au XVIIIe siècle. Le pâtissier était alors relégué au second rang hiérarchique dans les cuisines. Mais, grâce au nouveau procédé d'extraction du sucre de la betterave récemment découvert, sa consommation s'est développée à la place du miel.

Tout comme pour le « salé », c'est à partir de recettes de base classiques comme la crème anglaise que le « sucré » a évolué dans la cuisine. Sans elles, bon nombre de préparations si délicieuses n'existeraient pas. Vous trouverez dans ce livre certaines de ces recettes de base grâce auxquelles vous pourrez, vous aussi, imaginer de nouvelles préparations. Vous trouverez également des recettes variées de desserts que vous pourrez accompagner, selon vos goûts, de fruits, de chocolat, de noix ou d'amandes, avec des possibilités infinies de combinaisons, toutes illustrées par une photo en couleurs. La réussite de chaque recette vous est garantie.

A la fin du repas, le dessert occupe de plus en plus une place de choix. Nous avons donc rassemblé pour vous ces recettes afin que vous ne soyez jamais dépourvu d'idées.

Les crèmes légères et onctueuses, les desserts aux fruits ou aux laitages satisferont les adeptes de la « cuisine minceur ». Mais des recettes plus classiques vous permettront également de choisir « le » bon dessert pour chaque occasion. Essayez donc vous-même ! Et laissez-vous aller aux délices de la gourmandise...

De l'importance de la qualité

Comme pour tout ce qui touche à la bonne cuisine, la qualité des produits est primordiale. Ils doivent toujours être particulièrement frais. Ainsi, une crème anglaise ou une crème au caramel ne peuvent être parfaitement réussies que si les ingrédients de base sont de première fraîcheur. A défaut, mieux vaut acheter des préparations toutes faites !

La saison des fruits

Les fruits peuvent être servis seuls ou être à la base de desserts plus élaborés. Ainsi, qu'y a-t-il à ajouter à des fraises fraîches bien mûres, si ce n'est un peu de sucre en poudre ? Voilà un dessert tout préparé, et l'on ne peut guère en imaginer de meilleur.

Les fruits sont un véritable bienfait pour la santé ; riches en vitamines, peu caloriques — sauf les fruits secs —, on peut se les procurer tout au long de l'année, mais il faut savoir choisir et acheter les fruits lorsqu'ils sont en pleine saison : les fraises en juin, les cerises en juillet, les melons en août, les prunes en septembre, les pommes, les poires et le raisin en octobre, ainsi que les fruits sauvages que vous récoltez peut-être vous-même. En hiver, il y a les agrumes, bien sûr et, à toute époque, les fruits exotiques dont le goût s'allie si bien à celui de nos productions « domestiques ».

Grâce aux produits surgelés, nous disposons bien sûr de ces fruits tout au long de l'année. Mais gardons à l'esprit qu'ils ne peuvent, en aucun cas, remplacer les fruits frais de saison. Il en va différemment avec les confitures, les compotes et autres fruits conservés dans l'alcool qui, sous cette forme, sont parfois indispensables à la réalisation de certaines recettes.

La crème à la vanille, ou « crème anglaise »

Elle est indispensable à la réalisation de nombreux desserts : glaces, crèmes, bavarois, flans, etc., qui, sans elle, ne seraient pas complètement achevés.
Il y a deux façons de la préparer :
— la véritable « crème anglaise » qui est composée exclusivement de jaunes d'œufs, de sucre et de lait ; le jaune d'œuf servant ici à lier la sauce ;
— mais on peut préférer utiliser moins d'œufs et de sucre et, dans ce cas, on liera la sauce avec de la fécule. Il faut savoir que le résultat ne sera pas exactement le même.

Crème anglaise

Il faut, pour 4 personnes :
6 jaunes d'œufs
100 g de sucre
1/2 l de lait
1/2 gousse de vanille

Temps de préparation : 30 minutes

Photo n° 1 : cassez les œufs en prenant bien soin de séparer les jaunes des blancs ; mélangez les jaunes avec le sucre dans un grand récipient.

Photo n° 2 : fouettez le mélange jusqu'à ce qu'il devienne crémeux et presque blanc. Il est conseillé de le fouetter à la main pour que la crème ne devienne pas mousseuse.

Photo n° 3 : faites bouillir doucement le lait avec la gousse de vanille fendue. Laissez infuser dix minutes puis retirez la gousse. Laissez tiédir le lait avant de l'ajouter au mélange en tournant délicatement.

Photo n° 4 : versez la crème obtenue dans une casserole et faites-la chauffer à feu doux sans arrêter de tourner avec une spatule en bois afin que le mélange n'attache pas. La crème ne doit surtout pas bouillir.

Photo n° 5 : laissez chauffer jusqu'à ce que la crème épaississe et nappe la cuillère.

Photo n° 6 : passez alors la crème au chinois ou dans une passoire fine, pour qu'elle soit bien homogène.

Variante

Pour 4 personnes :
1. Mélangez dans un bol 45 g de fécule avec 2 ou 3 cuillerées à soupe de lait et 2 jaunes d'œufs.
2. Versez dans une casserole 1/2 l de lait avec 40 g de sucre et 1/2 gousse de vanille fendue ; portez à ébullition.
3. Laissez infuser dix minutes puis enlevez la gousse de vanille et ajoutez le mélange fécule-œufs-lait tout en remuant vivement.
4. Portez à ébullition en remuant constamment la crème avec une spatule en bois. Laissez refroidir.

Crème pâtissière

Il faut, pour 4 personnes :
1/2 l de lait
3 œufs
1 gousse de vanille
125 g de sucre
50 g de farine

Temps de préparation : 30 minutes

1. Faites bouillir le lait avec la gousse de vanille fendue en deux.
2. Battez les œufs entiers et le sucre jusqu'à ce que le mélange blanchisse, puis ajoutez la farine en fine pluie jusqu'à ce que la composition soit bien homogène.
3. Ajoutez alors le lait bouillant en remuant sans arrêt, puis portez doucement à ébullition.
4. Lorsque la crème a bouilli 1 mn, retirez la casserole du feu et laissez refroidir en remuant encore de temps à autre.

Cette crème est tout particulièrement recommandée pour garnir les fonds de tartes aux fruits.

Les crèmes parfumées au vin blanc

Ces crèmes sont à elles seules des desserts et peuvent être servies dans des verres ou dans des coupes individuelles ; elles sont souvent accompagnées de biscuits à la cuillère. Mais elles peuvent également accompagner d'autres desserts, ou des fruits.

Le sabayon — d'origine italienne — est un cas typique : en France, on le prépare avec du vin blanc sec, du bourgogne blanc de préférence, ou du champagne. Nous vous proposerons des variantes du même type, l'une italienne, l'autre autrichienne.

Ces crèmes sont très faciles à réaliser, et on peut les adapter au goût de chacun en y ajoutant des jus de fruits, un zeste de citron, du coulis de fraises, de framboises ou d'abricots sans pour autant masquer la saveur du vin, qui doit rester dominante.

Sabayon à la française

Photo ci-contre, à l'arrière-plan

Pour le préparer, il faut avoir des œufs, du sucre, du vin blanc très sec (bourgogne blanc de préférence, pour son bouquet) ou du champagne.

Il faut, pour 4 à 8 personnes, en accompagnement d'un dessert :

6 jaunes d'œufs
180 g de sucre
1/4 de l d'un très bon vin blanc sec (ou de champagne)

Temps de préparation : 20 à 25 minutes

1. Mettez les jaunes d'œufs et le sucre dans un récipient et fouettez le mélange jusqu'à ce qu'il devienne crémeux.
2. Faites chauffer au bain-marie (en veillant bien à ce qu'il n'y ait pas d'eau qui saute dans la crème).
3. Ajoutez le vin et fouettez vivement jusqu'à ce que la crème devienne mousseuse et double de volume.
4. Retirez le plat du bain-marie et versez la crème dans un bol que vous aurez préalablement placé dans un récipient d'eau glacée pour que la crème refroidisse sans lui faire perdre de son volume.
5. Arrêtez de fouetter lorsque la crème est refroidie.

En y ajoutant des fruits frais coupés en morceaux (des fraises ou des framboises par exemple), on peut réaliser en peu de temps ce dessert succulent.

Sabayon à l'italienne

Photo ci-contre, au premier plan

Il faut, pour 4 à 8 personnes :

3 jaunes d'œufs + 1 œuf
120 g de sucre
8 cl de marsala (vin italien que l'on trouve dans les épiceries fines)

Temps de préparation : 20 minutes

La préparation est la même que pour le sabayon à la française. Seul le marsala remplace le vin blanc.

Sabayon à l'autrichienne

Il est plus léger que les deux précédents et doit toujours être servi dès qu'il vient d'être préparé afin de lui conserver toute sa saveur.

Il faut, pour 4 à 8 personnes :

2 jaunes d'œufs
1 œuf
120 g de sucre
1/4 de l de vin blanc sec

1. Mettez tous ces ingrédients dans un bol et faites chauffer au bain-marie en fouettant le mélange.
2. Lorsque la crème est chaude, retirez le bol du bain-marie et placez celui-ci dans un récipient d'eau glacée. Laissez la crème refroidir tout en continuant de la battre.
3. Servez aussitôt, avec des biscuits secs ou des petits fours.

Les crèmes classiques

De nombreux desserts sont meilleurs s'ils sont accompagnés d'une crème, car celle-ci leur donnera un caractère tout à fait personnel et une saveur incomparable ; le mélange chaud-froid en est un exemple caractéristique. Une sauce ou une crème chaudes peut en effet être servie avec un dessert froid ou sur une glace et, inversement, une tarte chaude peut être recouverte d'une crème froide, crème fraîche par exemple. Cette recette de sauce au chocolat en est un bon exemple.

Sauce au chocolat chaud

On peut également la servir froide, mais il faudra alors augmenter de moitié la proportion de crème fraîche : cela lui donnera un goût plus doux et une couleur plus claire. Sans crème fraîche, ce goût sera plus « musclé ».

Il faut, pour 8 personnes :

250 g de crème fraîche
30 g de miel (facultatif)
1 gousse de vanille
200 g de chocolat amer

Pour la garniture :

2 à 3 cuil. à soupe de crème fraîche

Temps de préparation : 25 à 30 minutes

Photo n° 1 : réunissez tous les ingrédients.

Photo n° 2 : mettez la crème fraîche, le miel et la gousse de vanille fendue dans une casserole ; faites chauffer le mélange.

Photo n° 3 : cassez le chocolat en morceaux et faites-le fondre au bain-marie à feu très doux.

Photo n° 4 : incorporez la crème chaude au chocolat fondu tout en remuant vigoureusement.

Photo n° 5 : la sauce est prête, elle peut être servie chaude ou froide selon le dessert qu'elle accompagnera.
Astuce : pour reproduire le dessin de la photo, battez 2 à 3 cuillerées de crème fraîche pour la faire épaissir et, à l'aide d'une douille, dessinez une spirale sur le chocolat. Vous pouvez confectionner vous-même la douille en formant un cône avec du papier épais.

Photo n° 6 : avec le dos de la lame d'un couteau ou avec le manche d'une cuillère, reproduisez le dessin de la photo.
La sauce au chocolat peut être conservée au réfrigérateur pendant quelques heures.

Crème à la fraise

Il faut, pour 4 personnes :

250 g de fraises bien mûres
60 g de sucre
Le zeste d'1/2 orange
2 cl de rhum vieux

1. Lavez les fraises, équeutez-les et écrasez-les en purée, ou mieux, passez-les au mixer. Passez le tout au tamis.
2. Portez à ébullition 6 cl d'eau, ajoutez le sucre et le zeste d'une demi-orange et laissez réduire environ 2 minutes, puis ajoutez le rhum. Laissez refroidir.
3. Incorporez le mélange à la purée de fraises.

Sauce chaude à la framboise

Il faut, pour 4 personnes :

200 g de framboises
8 cl de vin de Bordeaux
30 g de sucre en poudre
Un morceau de zeste de citron

1. Réduisez les framboises fraîches en purée. Passez-les au tamis.
2. Portez à ébullition le bordeaux au bouquet affirmé avec le sucre et un morceau de zeste de citron.
3. Ajoutez la purée de framboises et laissez bouillir pendant 3 à 4 minutes.
Cette sauce peut être également servie froide.

Les flans

Flan à la vanille

Photo ci-contre, au premier plan

Il faut, pour 4 personnes :
4 moules d'1/8 l chacun
Pour les flans :
40 g de fécule - 2 jaunes d'œufs
100 g de sucre - 1/2 l de lait
1 gousse de vanille
2 feuilles de gélatine
Pour la sauce :
200 g de framboises bien mûres
80 g de sucre
8 cl de bordeaux rouge
1 morceau de zeste de citron
Pour la garniture :
1/8 l de crème Chantilly

Temps de préparation : 50 minutes
Durée de refroidissement : 2 heures

1. Mélangez la fécule, les œufs, le sucre et un peu de lait.
2. Faites bouillir le reste de lait avec la vanille. Laissez infuser la vanille 10 mn dans le lait, puis retirez-la. Laissez tremper la gélatine dans de l'eau froide.
3. Versez le mélange fécule-œufs-sucre dans le lait et portez à ébullition sans cesser de remuer. Retirez du feu et ajoutez la gélatine bien égouttée. Mélangez bien.
4. Versez le mélange dans les moules passés sous l'eau froide et placez-les au réfrigérateur.
5. Préparez la sauce : réduisez les framboises en purée, passez cette purée au tamis.
6. Mettez dans une casserole le sucre, le vin et le zeste de citron et portez à ébullition. Ajoutez alors la purée de framboises et faites réduire pendant 3 à 4 minutes.
7. Au bout de 2 heures, démoulez les flans et recouvrez-les de la sauce aux framboises, puis garnissez avec la crème Chantilly.

Flan au chocolat

Photo ci-contre, au centre

Il faut, pour 4 personnes :
Pour les flans :
40 g de fécule - 2 jaunes d'œufs
100 g de sucre - 1/2 l de lait
1/2 gousse de vanille
60 g de chocolat
2 feuilles de gélatine
Pour la sauce :
200 g d'ananas frais
6 cl de sirop de sucre de canne
1/4 de gousse de vanille
1 cl de cognac
Pour décorer :
125 g de crème Chantilly
1 cuil. à soupe de pistaches

Temps de préparation : 50 minutes
Durée de refroidissement : 2 heures

1. Procédez comme pour la recette précédente, mais avant de verser le lait dans le mélange sucre-œufs, faites fondre le chocolat et versez-y le lait.
2. Pour la sauce : passez au mixer les 2/3 de l'ananas. Faites bouillir le sirop avec la vanille et ajoutez-y le reste d'ananas en petits morceaux. Laissez cuire quelques minutes. Versez le cognac et la purée d'ananas ; mélangez et laissez refroidir.
3. Garnissez les flans avec la chantilly et les pistaches écrasées et versez la sauce autour.

Flan au caramel

Photo ci-contre, à l'arrière-plan

Il faut, pour 4 personnes :
40 g de fécule - 2 jaunes d'œufs
100 g de sucre - 1/2 l de lait
1/2 gousse de vanille
60 g de sucre - 12,5 cl d'eau
2 feuilles de gélatine
Pour la sauce :
350 g de griottes
20 g de sucre
1 cuil. à café de cannelle
Pour la garniture :
125 g de crème Chantilly

Temps de préparation : 1 heure
Durée de refroidissement : 2 heures

1. Préparez le caramel : faites bouillir le sucre avec l'eau jusqu'à ce qu'il devienne roux.
2. Préparez les flans comme dans la recette du flan à la vanille, mais avant de verser le lait dans le mélange sucre-œufs, ajoutez-y le caramel. Lavez les griottes et séchez-les. Écrasez-les grossièrement ou coupez-les en deux.
3. Pour la sauce : mettez de l'eau dans une casserole avec le sucre et la cannelle et portez à ébullition. Ajoutez les cerises, faites bouillir et laissez refroidir.
4. Garnissez les flans avec la sauce aux griottes et la chantilly.

Gâteau de riz aux fraises

Photo ci-contre, au premier plan

Ce traditionnel gâteau de riz peut être servi accompagné de compote de cerises, de prunes, d'abricots ou de groseilles à maquereau, et aussi de fruits frais assez sucrés comme les mangues, les fraises des bois et les myrtilles.

Il faut, pour 4 à 6 personnes :
1 gousse de vanille - 1/2 l de lait
120 g de riz long grain
50 g de sucre - 1 pincée de sel
250 g de fraises fraîches
Le jus d'1 orange
60 g de sucre
2 cl de Cointreau
250 g de crème fraîche
Pour décorer :
4 à 6 fraises

Temps de préparation : environ 1 heure 1/2

1. Versez le lait dans une casserole, ajoutez la gousse de vanille et le riz, portez à ébullition, couvrez et laissez gonfler à feu très doux pendant environ 1 heure.
2. Ajoutez alors 50 g de sucre et une pincée de sel, mélangez, puis laissez refroidir.
3. Pendant ce temps, lavez les fraises, enlevez les queues et faites-les égoutter. Coupez-les en deux ou en quatre selon leur grosseur.
4. Versez le jus d'orange et 60 g de sucre dans une autre casserole, portez à ébullition, parfumez avec le Cointreau, ajoutez les fraises et retirez du feu après le premier bouillon.
5. Fouettez la crème fraîche qui doit devenir très ferme, incorporez-la très intimement au riz et laissez reposer quelques minutes.
6. Au moment de servir, versez par couches successives et alternées le riz au lait et les fraises. Décorez avec des fraises fraîches.

Gâteau de semoule au raisin

Photo ci-contre, à l'arrière-plan

Il faut, pour 4 à 6 personnes :
Un moule en forme de couronne d'une contenance d'1,25 l
1/2 l de lait - 1/2 gousse de vanille
50 g de semoule
6 feuilles de gélatine
4 jaunes d'œufs
125 g de sucre
375 g de crème fraîche
2 cuil. à soupe de sucre en poudre
Pour le moule :
Un peu d'huile
Pour la compote :
1/4 l de vin blanc sec
60 g de sucre
Le zeste d'1/2 citron
1/2 bâton de cannelle ou 2 cuil. à café de cannelle en poudre
2 cuil. à café de gélifiant
400 g de raisin

Temps de préparation :
Flan : 40 à 50 minutes
Compote : 15 minutes
Temps de refroidissement : 4 à 5 heures

1. Versez le lait dans une casserole, portez à ébullition, ajoutez la gousse de vanille fendue.
2. Versez la semoule en pluie en remuant avec une spatule en bois sur feu très doux, et continuez de remuer jusqu'à ce que la semoule soit bien gonflée.
3. Ajoutez alors la gélatine que vous aurez trempée dans de l'eau et que vous aurez fait égoutter.
4. Dans un bol, battez les jaunes d'œufs avec le sucre jusqu'à ce que le mélange soit bien homogène ; incorporez ce mélange à la semoule.
5. Laissez refroidir cette préparation en plongeant la casserole dans de l'eau glacée ; tournez toujours avec la spatule pour que le mélange soit bien lié.
6. Fouettez la crème fraîche avec le sucre jusqu'à ce qu'elle soit très ferme et incorporez-la délicatement à la semoule ; versez-la dans les moules huilés, lissez le dessus et placez au réfrigérateur pendant 4 ou 5 heures.
7. Pendant ce temps, préparez la compote ; versez dans une casserole le vin en en conservant 2 cuil. à soupe, le sucre, le bâton de cannelle (ou la cannelle en poudre) et le zeste de citron ; portez à ébullition.
8. Délayez le gélifiant dans les 2 cuil. à soupe de vin restant et versez-le dans la casserole avec les autres ingrédients.
9. Lavez le raisin, égrenez-le, égouttez-le ; ajoutez-le au contenu de la casserole.
10. Portez à ébullition et retirez du feu en remuant bien ; laisser refroidir.
11. Dressez le gâteau de semoule sur un plat en le retournant d'un coup sec avec la compote de raisin bien refroidie.

Crème renversée

Cette merveilleuse crème à base d'œufs est un des mets les plus simples et les plus délicieux de la cuisine traditionnelle. Elle est facile à réussir pour peu que l'on suive attentivement les indications que nous donnons dans la recette qui suit. La crème doit cuire au bain-marie dans des petits pots à une température constante, l'eau ne devant pas bouillir. On peut éventuellement utiliser un thermomètre pour surveiller la température.

On présente généralement ces crèmes dans des ramequins, mais tout récipient ayant un fond plat peut tenir lieu de moule. Il est cependant recommandé que celui-ci ait une forme légèrement conique pour que la crème se démoule facilement.

Il faut, pour 4 à 6 personnes :
Pour le caramel :
100 g de sucre
2 cl d'eau
Pour les moules :
Un peu d'huile
Pour la crème :
1/2 l de lait
1/2 gousse de vanille
3 œufs
2 jaunes d'œufs
90 g de sucre

Temps de préparation : 40 minutes
Temps de cuisson : environ 20 minutes

Photo n° 1 : faites fondre à feu vif le sucre dans une petite casserole. Remuez au début doucement avec une spatule en bois, jusqu'à ce que le sucre devienne liquide. Puis remuez plus vigoureusement pour qu'il fonde bien et, lorsqu'il est de couleur dorée, versez l'eau en une fois. Le caramel se cristallise et doit continuer à cuire jusqu'à ce que le sucre soit bien dissous.

Photo n° 2 : huilez très légèrement le fond des moules et versez-y une couche de caramel d'1/2 cm d'épaisseur. S'il reste du caramel, il pourra être recuit dans de l'eau et servi comme sauce d'accompagnement avec ce dessert.

Photo n° 3 : fendez la gousse de vanille, mettez-la dans le lait et faites bouillir à petit feu. Battez avec un fouet dans un récipient les œufs, les jaunes d'œufs et le sucre, puis versez peu à peu le lait chaud, toujours en fouettant.

Photo n° 4 : passez la crème à travers une passoire très fine, ou un tamis, pour qu'elle soit bien homogène.

Photo n° 5 : remplissez les moules de cette crème. Placez-les dans un bain-marie et mettez dans un four préchauffé à 180°. La cuisson durera environ 20 minutes ; l'eau du bain-marie ne doit jamais bouillir et, pour cela, il est conseillé de surveiller la température de l'eau avec un thermomètre durant tout le temps de cuisson : celle-ci ne doit pas dépasser 80°.

Photo n° 6 : lorsque la crème est bien prise, sortez les moules du four et laissez tiédir avant de les mettre au réfrigérateur ; bien laisser refroidir. Avant de servir, décollez avec la pointe d'un couteau la crème du bord du moule et démoulez directement dans l'assiette pour ne pas perdre de caramel.

Variante : Crème au caramel

Faites un caramel blond en faisant bouillir 200 g de sucre semoule avec 10 cl d'eau. Retirez la casserole du feu et versez-y 250 g de crème fraîche ; fouettez bien le mélange et reposez la casserole sur feu très doux.

Faites ramollir 200 g de très bon beurre puis, lorsque la crème est cuite, c'est-à-dire qu'elle se solidifie au contact d'un bol froid, versez-la sur le beurre en fouettant vigoureusement. Placez la crème dans des ramequins et laissez au réfrigérateur pendant 1 h au moins.

Cette crème délicieuse accompagne agréablement toutes sortes de pâtisseries ou d'entremets.

Les crèmes

Ces crèmes se présentent directement dans leurs petits pots, et il n'est donc pas nécessaire de prendre des précautions pour les démouler facilement. Les « petits pots » sont souvent des ramequins, mais on peut utiliser toutes sortes de moules à condition qu'ils soient suffisamment décoratifs pour que l'on puisse les apporter à table.

Petits pots de crème caramel à la vanille

Photo ci-contre, au centre à droite

Il faut, pour 6 personnes (chaque « petit pot » étant d'une contenance de 12 cl) :

1/2 l de lait
125 g de crème fraîche
1/2 gousse de vanille
1 œuf - 3 jaunes d'œufs
90 g de sucre

Pour décorer :

De la crème Chantilly

Temps de préparation : 45 minutes
Durée de la cuisson : environ 20 minutes

1. Mélangez dans une casserole le lait et la crème, ajoutez la vanille et portez à ébullition.
2. Battez dans un récipient l'œuf, les jaunes d'œufs et le sucre, et ajoutez-y peu à peu le lait chaud. Si la crème n'est pas assez lisse, passez-la au tamis.
3. Versez la crème dans des petits pots, et faites chauffer dans un bain-marie (température : 80°). L'eau doit arriver environ 1 cm au-dessous du bord des moules. Laissez cuire pendant 20 minutes environ, en prenant soin que l'eau ne bouille pas.
4. Quand la crème reste ferme sous la pression des doigts, elle est cuite. Retirez les moules du bain-marie et laissez refroidir. Garnissez avec de la crème Chantilly.

Petits pots de crème au chocolat

Photo ci-contre, au premier plan

Il faut, pour 6 personnes :

1/4 l de lait
250 g de crème fraîche
50 g de chocolat amer
1 cuil. à café de café soluble ou de café bien fort
1 œuf - 2 jaunes d'œufs
100 g de sucre

Temps de préparation : 45 minutes
Durée de la cuisson : environ 20 minutes

La préparation est identique à celle de la recette précédente, à cette différence que l'on ajoute le chocolat et le café soluble au lait et à la crème que l'on porte à ébullition.

Petits pots de crème caramel aux amandes

Photo ci-contre, centre à gauche

Il faut, pour 6 personnes :

50 g de sucre
30 g d'amandes pilées
De la crème caramel à la vanille (voir recette précédente)
200 g d'abricots
2 cuil. à café de miel
2 cl de cognac

Temps de préparation : 1 heure 10 minutes
Durée de la cuisson : 20 minutes

1. Faites fondre le sucre dans une casserole, ajoutez-y les amandes, mélangez bien et retirez du feu. Versez ce mélange croquant sur une plaque huilée, laissez-le refroidir et concassez-le grossièrement.
2. Préparez la crème caramel en n'utilisant que 60 g de sucre. Lorsqu'elle est terminée, ajoutez le croquant aux amandes puis faites cuire comme dans la recette précédente.
3. Ébouillantez les abricots, pelez-les et ôtez les noyaux ; coupez-les en dés.
4. Faites chauffer le cognac avec le miel dans une petite casserole, jetez-y les morceaux d'abricots et faites réduire à petit feu.
5. Laissez refroidir la crème et la sauce à l'abricot. Versez la sauce sur la crème.

On peut accompagner ces crèmes de toutes sortes de sauces aux fruits. Par exemple, une compote de griottes se marie parfaitement avec la crème au chocolat (à l'arrière-plan gauche sur la photo).

Le bavarois est un entremets universellement connu. Il peut être parfumé selon les goûts au chocolat, au café, aux noix, aux pistaches, aux amandes ou aux fruits.

Bavarois à la fraise

Photo ci-contre, au premier plan

Il faut, pour 6 personnes :
6 moules d'une contenance de 0,12 l chacun
100 g de fraises
2 cuil. à café de sucre en poudre
3 cl de Cointreau
3 jaunes d'œufs
60 g de sucre
1/4 l de lait
1/2 gousse de vanille
4 feuilles de gélatine
250 g de crème fraîche
Pour décorer :
Sauce au chocolat (recette p. 13)
2 à 3 cuil. à café de crème fraîche
Quelques feuilles de menthe (facultatif)

Temps de préparation : 50 minutes
Temps de refroidissement : environ 2 heures

1. Lavez les fraises, équeutez-les, réduisez-les en purée avec le sucre en poudre et le Cointreau.
2. Battez les jaunes d'œufs avec le sucre jusqu'à ce que le mélange blanchisse.
3. Faites bouillir le lait avec la gousse de vanille fendue, laissez infuser dix minutes et retirez la gousse de vanille. Versez-le encore chaud sur le mélange œufs-sucre, tout en battant. Reversez dans la casserole et faites cuire à feu doux jusqu'à ce que la crème nappe la cuillère. Passez au tamis.
4. Faites tremper la gélatine dans de l'eau froide, égouttez-la bien et faites-la dissoudre dans la crème ; laissez refroidir.
5. Battez la crème fraîche en chantilly et incorporez-la à la crème encore tiède.
6. Versez un tiers de cette crème dans les moules.
7. Mélangez le reste avec la purée de fraises et emplissez-en une poche à douille. Incorporez alors ce mélange au centre de la crème en enfonçant la douille d'environ 1 cm dans le mélange crème-chantilly.
8. Mettez au réfrigérateur pendant 2 heures au minimum.
9. Au moment de servir, décorez une assiette de sauce au chocolat comme indiqué pages 12 et 13, garnissez éventuellement de quelques feuilles de menthe et démoulez les petits pots sur le chocolat.

Bavarois au chocolat

Photo ci-contre, à l'arrière-plan

Il faut, pour 4 personnes :
4 moules d'une contenance de 0,2 l chacun
4 jaunes d'œufs
120 g de sucre
30 cl de lait
1 gousse de vanille
4 feuilles de gélatine
300 g de crème fraîche
30 g de sucre
80 g de chocolat
3 cl de Bénédictine
Pour la sauce :
10 cl de vin rouge
1 cuil. à café de jus d'orange
30 g de sucre
Un peu de cannelle
Le zeste râpé d'1/2 orange

Temps de préparation : 50 à 60 minutes
Durée de refroidissement : environ 2 heures

1. Préparez une crème bien homogène en battant les jaunes d'œufs, le sucre, le lait et la vanille. Faites-y dissoudre la gélatine.
2. Battez la crème fraîche avec 30 g de sucre pour obtenir une chantilly, puis incorporez-la à la préparation.
3. Versez le tiers de cette crème à la vanille dans les moules.
4. Ajoutez la Bénédictine aux 2/3 restants. Faites fondre le chocolat et ajoutez-le également.
5. Incorporez ce mélange au milieu de la crème à la vanille de la même façon que dans la recette précédente. Laissez refroidir au réfrigérateur pendant deux heures minimum.
6. Préparez la sauce d'accompagnement : mettez dans une casserole le vin rouge, le jus d'orange, le sucre, la cannelle et le zeste d'orange. Faites chauffer quelques minutes à petit feu et présentez cette sauce avec le bavarois.

Crème à l'orange et au vin blanc

Photo ci-contre, au premier plan

Il faut, pour 4 personnes :
1 clémentine
2 oranges
1/4 l de vin blanc sec
100 g de sucre
3 jaunes d'œufs
5 feuilles de gélatine
500 g de crème fraîche
Pour la garniture :
2 oranges
De la crème Chantilly
1 cuil. à café de pistaches émincées

Temps de préparation : 40 à 45 minutes
Durée de refroidissement : au moins 2 heures

1. Lavez soigneusement la clémentine et les oranges et épluchez-les finement ; conservez les zestes ; pressez les fruits et versez le jus dans une casserole.
2. Ajoutez-y le vin blanc, les zestes des fruits, le sucre et les jaunes d'œufs. Mélangez bien et portez à ébullition sans cesser de fouetter. Retirez du feu, enlevez les zestes.
3. Faites tremper la gélatine dans l'eau froide, égouttez-la et mélangez-la à la crème encore chaude. Laissez refroidir en remuant de temps en temps afin d'éviter qu'une peau ne se forme sur le dessus.
4. Battez la crème fraîche en chantilly.
5. Versez la préparation dans un récipient assez grand. Quand elle est presque froide, incorporez-y la crème Chantilly.
6. Versez cette préparation dans des moules individuels et mettez au réfrigérateur.
7. Au moment de servir, préparez la garniture : enlevez la peau blanche des 2 oranges et la peau fine de chaque quartier. Démoulez la crème, décorez avec les quartiers d'oranges, la chantilly et les pistaches.

Crème au cognac et au vin rouge

Photo ci-contre, à l'arrière-plan

Il faut, pour 4 personnes :
1/4 l d'un bon vin rouge
Le jus d'1/2 citron
100 g de sucre
1/2 cuil. à café de cannelle en poudre
2 jaunes d'œufs
4 cl de cognac
5 feuilles de gélatine
500 g de crème fraîche
Pour décorer :
250 g de crème fraîche
2 cuil. à café de sucre
Du chocolat noir

Temps de préparation : 35 minutes
Durée de refroidissement : au moins 2 heures

1. Mettez dans une casserole le vin rouge, le jus de citron, le sucre, la cannelle et les jaunes d'œufs. Mélangez bien et portez à ébullition sans cesser de remuer. Retirez du feu au premier bouillon et laissez refroidir quelques minutes. Ajoutez alors le cognac.
2. Faites tremper la gélatine quelques minutes dans l'eau froide. Égouttez-la bien et laissez-la dissoudre dans le mélange. Laissez tiédir.
3. Battez la crème fraîche bien froide en chantilly et incorporez-la à la préparation.
4. Versez le mélange dans 4 coupes individuelles et laissez refroidir au réfrigérateur.
5. Au moment de servir : battez les 250 g de crème fraîche en chantilly avec le sucre. A l'aide d'une poche à douille, décorez chaque coupe de chantilly et râpez sur le dessus du chocolat noir.

Mousse au chocolat

C'est l'un des entremets les plus courants, peut-être grâce à la facilité de sa réussite ! Le secret consiste essentiellement dans la qualité des ingrédients entrant dans sa composition, et particulièrement du chocolat que l'on va utiliser.

Il faut, pour 4 personnes :

200 g de chocolat amer

5 œufs

20 g de sucre semoule

125 g de crème fraîche

50 g de sucre glace

2 cuil. à café d'extrait de café

3 cl de liqueur de café (facultatif)

Pour décorer :

125 g de crème fraîche

1 cuil. à café de sucre

1 pincée de sel

Du chocolat râpé

Temps de préparation : environ 20 minutes

Durée de refroidissement : 2 heures minimum

1. Cassez le chocolat en morceaux et faites-le fondre sur feu très doux ou au bain-marie.
2. Pendant ce temps, battez les jaunes d'œufs avec le sucre semoule jusqu'à ce que celui-ci soit bien dissous et que le mélange devienne crémeux.
3. Ajoutez la crème fraîche, remuez bien et retirez du feu.
4. Battez les blancs d'œufs en neige très ferme avec les 50 g de sucre glace et un peu de sel. Il est important que tous les ingrédients soient à la même température.
5. Mélangez l'extrait de café et la liqueur de café (facultatif) au chocolat fondu (la préparation doit être encore tiède), et incorporez-y délicatement, avec une cuillère en bois, les blancs d'œufs battus en neige.
6. Versez la mousse dans un récipient ou dans des coupes individuelles ; recouvrez de papier aluminium ; placez au réfrigérateur pour faire « prendre ».
7. Au moment de servir, battez la crème fraîche avec le sucre jusqu'à ce qu'elle devienne chantilly, et garnissez la mousse avec cette crème. Recouvrez de chocolat râpé.

Variante : Mousse au chocolat et aux griottes

1. Cassez en morceaux 150 g de chocolat amer et faites-le fondre au bain-marie.
2. Pendant ce temps, battez 3 jaunes d'œufs avec le sucre jusqu'à ce que celui-ci soit bien dissous et que le mélange devienne mousseux.
3. Battez 125 g de crème fraîche, qui doit devenir très ferme.
4. Parfumez le mélange d'œufs et de sucre avec 2 cl de cognac et une pincée de cannelle, incorporez-le au chocolat fondu et ajoutez, en fouettant toujours, la crème battue.
5. Battez les blancs d'œufs en neige moyennement ferme et ajoutez-les très délicatement avec une cuillère en bois.
6. Lavez puis égouttez dans une passoire 250 g de griottes et réduisez-les en purée après avoir retiré les noyaux.
7. Faites-les cuire avec 50 g de sucre ; lorsqu'elles deviennent de la compote, éteignez le feu et laissez tiédir.
8. Recouvrez le fond des coupes de cette compote, puis ajoutez-y très délicatement la mousse au chocolat.
9. Recouvrez de papier aluminium et placez au réfrigérateur.

Avant de servir, on peut décorer avec des cerises entières.

Variante : Mousse au chocolat à l'orange

1. Lavez 2 oranges à l'eau chaude et frottez l'écorce avec 80 g de sucre en morceaux.
2. Pelez-les et coupez-les en morceaux. Placez-les dans une poêle avec le sucre ; recouvrez de 12,5 cl de vin blanc.
3. Faites cuire à feu doux pendant 10 minutes environ.
4. Ajoutez 2 cl de Cointreau et placez au fond de chaque coupe 2 biscuits à la cuillère coupés en deux ; recouvrez-les de morceaux d'oranges, puis de mousse au chocolat.

Crème au chocolat

Photo ci-contre, au premier plan

Cette crème est faite à base de crème anglaise (voir p. 9), à laquelle on ajoute de la crème fraîche battue avec du sucre. Elle doit être servie très fraîche, dès sa sortie du réfrigérateur, où elle ne doit pas séjourner plus d'une à deux heures.

Il faut, pour 4 à 6 personnes :
5 jaunes d'œufs
90 g de sucre
2 cl de rhum vieux
1/2 l de lait
100 g de chocolat amer
250 g de crème fraîche

Temps de préparation : 50 minutes à 1 heure

1. Mettez les jaunes d'œufs et le sucre dans une jatte et fouettez doucement pour obtenir un mélange crémeux mais non mousseux ; ajoutez le rhum.
2. Faites chauffer le lait.
3. Coupez le chocolat en morceaux, faites-le fondre dans le lait chaud et portez à ébullition ; laissez tiédir en remuant souvent.
4. A l'aide d'une louche, incorporez peu à peu le lait encore chaud — mais non bouillant — au mélange d'œufs et de sucre ; reversez cette crème dans la casserole du lait et faites chauffer à feu doux sans laisser bouillir.
5. Retirez du feu dès que la crème nappe la cuillère.
6. Passez cette crème au tamis et laissez refroidir.
7. Fouettez la crème fraîche pour qu'elle soit bien lisse, et mélangez-la à la crème refroidie.
8. Versez dans 4 coupes individuelles ou sur des assiettes, comme sur la photo.

Pour décorer, suivez les indications données en pages 12 et 13.

Crème au café

Photo ci-contre, à l'arrière-plan

Il faut, pour 4 à 6 personnes :
6 jaunes d'œufs
100 g de sucre
37,5 cl de lait
12,5 cl de café très fort
250 g de crème fraîche
Pour décorer :
3 blancs d'œufs
100 g de sucre
Un peu de chocolat en poudre

Temps de préparation : environ 1 heure

1. Battez en crème les jaunes d'œufs et le sucre jusqu'à ce que le mélange blanchisse.
2. Faites chauffer dans une casserole le lait parfumé avec le café ; portez à ébullition.
3. Ajoutez le lait encore chaud aux œufs battus avec le sucre, sans cesser de remuer.
4. Versez cette crème dans la casserole et retirez du feu dès que la crème nappe la cuillère.
5. Terminez la préparation comme pour la recette précédente.

Pour la servir, présentez la crème dans des coupes individuelles. Pour décorer : battez les blancs d'œufs en neige très ferme, en saupoudrant le sucre au fur et à mesure. A l'aide d'une douille, formez de petites fleurs sur une feuille d'aluminium. Pendant ce temps, faites bouillir 2 à 3 l d'eau dans une casserole ; réduisez le feu — l'eau doit cesser de bouillir — et plongez-y les petites fleurs à l'aide d'une écumoire. Laissez cuire 3 à 4 minutes de chaque côté. Au bout de ce temps, retirez-les avec l'écumoire. Égouttez-les quelques instants puis disposez-les sur la crème refroidie. Saupoudrez de chocolat en poudre.

Variante : Mousse au café

La préparation est la même que pour la recette précédente mais l'on utilise des œufs entiers et l'on bat les blancs en neige bien ferme, que l'on incorpore tout à fait à la fin de la préparation, après le n° 4 de la recette de crème au café. On peut décorer de quelques grains de café ou de chocolat râpé.

Tirami su

Longtemps oubliée, cette recette italienne vient d'être redécouverte, et ce n'est que justice car elle est excellente. Grâce au mascarpone, une spécialité italienne que l'on peut trouver dans tous les magasins spécialisés, c'est une crème très légère, au goût particulièrement délicat. A défaut de mascarpone, la recette peut être réalisée avec du fromage blanc, mais le résultat ne sera pas exactement le même...

Il faut, pour 4 à 8 personnes :
4 jaunes d'œufs
1 cuil. à café de miel
80 g de sucre
250 g de mascarpone
(ou de fromage blanc)
100 g de biscuits à la cuillère
Pour imbiber les biscuits :
12,5 cl de café très fort
3 cuil. à café de sucre
2 cl de cognac
2 cl de liqueur de café

Temps de préparation : 25 à 30 minutes
Durée de refroidissement : au moins 1 heure

1. Commencez par bien mélanger les jaunes d'œufs avec le miel et le sucre de façon à obtenir une crème de couleur jaune clair.
2. Ajoutez alors le mascarpone ou le fromage blanc.
3. Disposez les biscuits à la cuillère au fond d'une jatte assez grande.
4. Mélangez le café avec le sucre, le cognac et la liqueur de café. A l'aide d'un pinceau, imbibez-en les biscuits à la cuillère (ou retournez ceux-ci rapidement dans ce liquide afin qu'ils s'en imbibent sans devenir mous).
5. Recouvrez les biscuits d'une couche de crème, puis recouvrez cette crème d'une autre couche de biscuits, à leur tour imbibés du mélange d'alcool et de café ; continuez ainsi de suite avec le reste de crème et de biscuits.
6. Placez la jatte au réfrigérateur pendant au moins 1 heure avant de servir.

Zuppa inglese

Il faut, pour 4 à 6 personnes :
1/2 l de lait
50 g + 100 g + 1 cuil.
à café de sucre en poudre
2 jaunes d'œufs
3 blancs d'œufs
2 œufs entiers
1 gousse de vanille
50 g de chocolat amer
100 g de biscuits à la cuillère
4 cl de rhum
150 g de mascarpone
(ou de fromage blanc)
100 g de cerises confites

1. Faites bouillir le lait avec 50 g de sucre. Laissez tiédir avant de continuer la suite des opérations.
2. Battez 2 jaunes d'œufs et 2 œufs entiers avec 100 g de sucre, et ajoutez le lait tiède.
3. Reversez ce mélange dans la casserole avec la gousse de vanille fendue, et faites chauffer à feu doux sans cesser de remuer. Retirez du feu avant le premier bouillon, sinon les blancs d'œufs risqueraient de coaguler. Laissez refroidir.
4. Pendant ce temps, coupez en tout petits carrés 50 g de chocolat amer, et ajoutez-les au mélange d'œufs et de lait.
5. Trempez les biscuits à la cuillère dans le rhum.
6. Ajoutez le mascarpone (ou le fromage blanc) et les cerises confites coupées en morceaux au mélange d'œufs, de lait et de sucre.
7. Disposez couche par couche les biscuits et la crème dans un plat allant au four.
8. Battez 3 blancs d'œufs en neige ferme en saupoudrant au fur et à mesure d'une cuillerée à café de sucre.
9. A l'aide d'une douille, décorez la crème en formant de petites étoiles avec les blancs battus.
10. Faites dorer au gril du four préchauffé à 250° durant quelques instants seulement. Les blancs battus ne doivent pas cuire, mais seulement prendre une couleur dorée.

Crème à la fraise et au yoghourt

Photo ci-contre, à l'arrière-plan

Il faut, pour 4 personnes :
200 g de fraises
Le jus d'1 orange
100 g de sucre
5 feuilles de gélatine
200 g de yoghourt
2 cl de rhum
250 g de crème fraîche
Pour décorer :
4 fleurs faites avec de la meringue (recette p. 28)
ou quelques gaufrettes
Pour la sauce :
100 g de fraises
12,5 cl de vin rouge
Le jus d'1 orange
80 g de sucre

Temps de préparation : 50 minutes
Durée de refroidissement : 1 à 2 heures

1. Lavez les fraises, équeutez-les, écrasez-les avec une fourchette et placez-les dans une casserole ; ajoutez le jus d'orange, le sucre, et portez à ébullition. Laissez bouillonner doucement 1 ou 2 mn.
2. Laissez tiédir, puis passez la purée de fraises au chinois.
3. Faites tremper la gélatine dans de l'eau froide, égouttez-la et laissez-la dissoudre dans la purée de fraises tiède.
4. Ajoutez le yoghourt et le rhum ; mélangez intimement et laissez refroidir.
5. Au moment de servir, battez la crème fraîche au fouet et ajoutez-la lorsqu'elle est bien ferme.
6. Versez cette préparation dans 4 coupes en verre et décorez de meringue ou de gaufrettes.
7. Préparez la sauce : lavez les fraises, équeutez-les, écrasez-les et mettez-les dans une casserole avec le vin rouge, le jus d'orange et le sucre ; portez à ébullition. Laissez réduire de moitié à feu très doux et passez la sauce à travers une passoire fine.
8. Lorsque la sauce est refroidie, versez-la sur chaque coupe.

Crème à l'orange

Photo ci-contre, au premier plan

Il faut, pour 4 personnes :
(soit 4 moules de 8 cm de ∅) :
2 oranges - 70 g de sucre
4 feuilles de gélatine
50 g de pâte d'amandes
175 g de yoghourt
125 g de crème fraîche
Pour les meringues :
4 blancs d'œufs
125 g de sucre glace
80 g de sucre en poudre
2 cuil. à café de fécule
Pour décorer :
4 quartiers d'orange
De la crème au chocolat (recette p. 13)

Temps de préparation : 55 minutes
Durée de refroidissement : 1 à 2 heures
Cuisson : environ 3 heures
A préparer la veille

1. Lavez les oranges à l'eau chaude, pelez-les puis pressez-les.
2. Mettez le jus, l'écorce et le sucre dans une casserole et portez à ébullition.
3. Trempez la gélatine dans de l'eau froide puis égouttez-la bien.
4. Ajoutez la pâte d'amandes et la gélatine au contenu de la casserole, et remuez de façon à obtenir un mélange crémeux.
5. Incorporez le yoghourt et laissez refroidir.
6. Avant que la crème ne soit prise, battez la crème fraîche au fouet et ajoutez-la lorsqu'elle est bien ferme.
7. Versez dans les moules et mettez au réfrigérateur pour que la crème puisse « prendre ».
8. Préparez les meringues : battez les blancs d'œufs en une neige molle et versez alors peu à peu 100 g de sucre glace tout en continuant à battre jusqu'à ce qu'il soit bien dissous et que les blancs soient bien fermes.
9. Mélangez alors le reste de sucre glace avec le sucre en poudre et la fécule ; incorporez le tout aux blancs battus en neige.
10. A l'aide d'une douille, formez des rosettes ; disposez-les sur une feuille de papier aluminium et placez-les au four préchauffé à 120° pendant environ 3 heures. Laissez la porte du four légèrement entrouverte. Éteignez le four et laissez sécher à l'intérieur pendant toute la nuit.
11. Au moment de servir, disposez les meringues sur des assiettes à entremets, puis démoulez les crèmes en les plaçant comme sur la photo.
12. Décorez avec un quartier d'orange et servez avec de la sauce au chocolat.

Les desserts à base de laitage

Les desserts à base de fruits et de laitages sont les plus rafraîchissants qui soient ; légers et peu caloriques, ils conviennent parfaitement pour les jours de grande chaleur. Ils doivent être alors servis le plus frais possible.

Dessert au yoghourt et aux fruits

Photo ci-contre, au premier plan

Il faut, pour 4 personnes :
120 g de sucre
12,5 cl de vin blanc
Le jus d'1/2 citron vert
3 feuilles de gélatine
175 g de yoghourt
125 g de crème fraîche
400 g de fruits de saison
ou de compote de fruits

Temps de préparation : 45 minutes
Durée de refroidissement : 1 à 2 heures

1. Mettez le sucre avec 1/4 du vin dans une casserole et faites caraméliser ; faites dissoudre ensuite le reste du vin blanc et le jus du citron vert.
2. Laissez tremper la gélatine dans de l'eau froide ; égouttez-la et mélangez-la au vin et au sucre chauds.
3. Ajoutez le yoghourt, mélangez bien et laissez refroidir.
4. Battez la crème fraîche au fouet et, lorsqu'elle est bien homogène, incorporez-la au mélange avant qu'il ne prenne.
5. Versez dans 4 verres et mettez au réfrigérateur pour faire durcir la préparation.
6. Selon les goûts, on peut accompagner de fruits frais ou de compote. Dans ce cas, coupez les fruits en petits morceaux et disposez-les sur la crème.

Crème au citron parfumée au gingembre

Photo ci-contre, à l'arrière-plan

Il faut, pour 4 personnes :
150 g de sucre
Le jus de 3 ou 4 citrons
(citrons verts de préférence)
3 cuil. à café de sirop
ou de poudre de gingembre
5 feuilles de gélatine
350 g de yoghourt
250 g de crème fraîche
1 cuil. à café de sucre
Pour décorer :
125 g de crème fraîche
Gingembre confit
Chocolat râpé

Temps de préparation : 1 heure
Durée de refroidissement : 1 à 2 heures

1. Faites un caramel pas trop épais en plaçant dans une casserole les 150 g de sucre dissous dans le quart du jus de citron.
2. Lorsque le caramel est doré, ajoutez le reste du jus de fruit ainsi que le gingembre.
3. Faites tremper la gélatine dans de l'eau froide, égouttez-la et ajoutez-la au mélange chaud.
4. Incorporez le yoghourt, mélangez bien et laissez refroidir.
5. Battez la crème fraîche au fouet pour qu'elle devienne très ferme et mélangez-la à la préparation juste avant que celle-ci ne durcisse.
6. Versez dans 4 verres individuels et faites prendre en les plaçant au réfrigérateur.
7. Pour décorer : fouettez la crème fraîche jusqu'à ce qu'elle devienne une chantilly. Égouttez le gingembre et coupez-le en petits dés à disposer sur la crème ; décorez avec la chantilly et le chocolat, comme sur la photo.

Dessert au fromage blanc et à la pêche

Recette pour 4 personnes :

1. Plongez 4 pêches (soit environ 500 g) dans de l'eau bouillante, retirez-les immédiatement, passez-les sous l'eau froide et pelez-les. Otez leurs noyaux et coupez les fruits en dés.
2. Mettez dans une poêle 50 g de sucre, 2 cuillerées à café de miel et un petit verre de sauternes ; portez à ébullition jusqu'à ce que le sucre soit bien dissous.
3. Ajoutez les dés de pêche et 2 cl de jus de citron.
4. Laissez cuire 3 ou 4 mn puis laissez refroidir.
5. Mélangez ensemble 2 cuillerées à café de miel, 250 g de fromage blanc ; ajoutez 250 g de crème fouettée, puis incorporez les pêches et 2 cl de rhum.
6. Versez dans 4 coupes individuelles et laissez refroidir 1 h.
7. On peut garnir avec des gaufrettes ou des fruits frais.

Dessert aux fruits rouges

Photo ci-contre, à l'arrière-plan

Voici une recette idéale pour l'été car c'est en cette saison que l'on trouve tous les fruits rouges et l'on peut indifféremment ajouter fraises, cerises, cassis, bref tous les fruits rouges à jus. C'est un dessert en outre particulièrement rafraîchissant !

Il faut, pour 4 personnes :
300 g de framboises bien mûres
300 g de groseilles bien mûres
1/4 l d'eau
12,5 cl de vin rouge
80 g de sucre
2 feuilles de gélatine
Pour décorer :
125 g de crème fraîche
1 cuil. à café de sucre
1 cuil. à café d'amandes effilées dorées au four

Temps de préparation : 35 à 40 minutes

1. Passez rapidement les framboises sous l'eau et équeutez-les le cas échéant. Faites-en de même avec les groseilles et égrenez-les avec une fourchette.
2. Mettez dans une casserole les 2/3 des framboises et des groseilles, l'eau, le vin rouge et le sucre et faites bouillir environ 1/4 d'heure ; passez au tamis, en les écrasant bien, les framboises et les groseilles pour qu'elles rendent tout leur jus.
3. Portez celui-ci à ébullition. Faites dissoudre la gélatine dans un peu d'eau et versez-la dans le jus. Laissez bouillir quelques instants tout en fouettant jusqu'à ce que le mélange épaississe. Laissez tiédir.
4. Ajoutez le reste de framboises et de groseilles à la purée et versez cette préparation dans un grand plat ou dans des coupes individuelles ; placez au réfrigérateur.
5. Au moment de servir, battez la crème fraîche avec le sucre de façon à obtenir une crème Chantilly assez molle. Versez-la sur la crème, décorez d'amandes émincées dorées au four.

Astuce : à la place de la chantilly, on peut tout simplement utiliser de la crème fraîche — type fleurette — très froide.

Dessert aux pommes et aux groseilles à maquereau

Photo ci-contre, au premier plan

Il faut, pour 4 personnes :
1/2 bouteille de vin blanc sec
100 g de sucre
Le jus et le zeste d'un citron
1/2 bâton de cannelle
ou 1 cuil. à café de poudre de cannelle
300 g de groseilles à maquereau rouges et bien mûres
300 g de pommes acides
30 g de gélifiant
ou 1 feuille de gélatine

Temps de préparation : 40 à 45 minutes

1. Mettez dans une casserole le vin blanc, le sucre, le jus de citron, la cannelle et le zeste du citron coupé en fine spirale ; faites cuire jusqu'à ce que le sucre soit bien dissous.
2. Lavez les groseilles, égrenez-les avec une fourchette. Pelez les pommes, ôtez les pépins et coupez-les en lamelles.
3. Sur feu doux, de façon à être juste au-dessous de la température d'ébullition, ajoutez les groseilles au contenu de la casserole. Retirez-les avec une écumoire en prenant soin qu'elles n'éclatent pas. Recommencez l'opération avec les pommes.
4. Faites dissoudre la gélatine dans de l'eau froide et versez-la dans la casserole pour faire épaissir le mélange. Laissez tiédir.
5. Ajoutez les fruits et versez dans un grand plat ou dans des coupes individuelles. Placez au réfrigérateur pendant au moins une heure. On peut servir avec de la crème à la vanille (recette p. 9) ou avec de la crème fouettée légèrement sucrée.

Compote de rhubarbe meringuée

Il faut, pour 4 à 6 personnes :
1 kg de rhubarbe bien mûre
(soit env. 750 g une fois épluchée)
1/4 l d'eau
12,5 cl de vin blanc doux
150 g de sucre
1/2 bâton de cannelle
ou 1 cuil. à café de poudre de cannelle
Le zeste d'un citron
Pour la meringue aux amandes :
4 blancs d'œufs
170 g de sucre glace
90 g de poudre d'amandes

Temps de préparation : 40 à 50 minutes

1. Épluchez la rhubarbe et coupez-la en tronçons de 3 cm de longueur.
2. Faites bouillir l'eau avec le vin blanc, le sucre, la cannelle et le zeste de citron.
3. Après 2 ou 3 minutes de cuisson, ajoutez la rhubarbe et laissez cuire pendant 8 à 10 minutes. Attention de ne pas laisser trop cuire, car la rhubarbe doit rester ferme.
4. Au bout de ce temps, laissez refroidir et versez dans des plats individuels allant au four.
5. Préparez la meringue : battez au fouet les blancs en neige ferme et ajoutez-y peu à peu le sucre glace et la poudre d'amandes.
6. Préchauffez le gril du four th. 5 ; recouvrez la compote de meringue et faites dorer quelques instants à four très doux jusqu'à ce que le dessus de la meringue prenne légèrement couleur. Servez aussitôt.

Voici 3 variantes de la recette précédente

Abricots au vin blanc

Pour 8 personnes :

1. Faites blanchir 1 kg d'abricots en les plongeant dans de l'eau bouillante. Pelez-les, coupez-les en deux et enlevez les noyaux.
2. Dans une casserole, portez à ébullition 40 cl de vin blanc sec, le jus d'un citron et 250 g de sucre ; laissez bouillir 2 ou 3 minutes. Il sera peut-être nécessaire d'écumer la mousse qui pourrait se former à la surface.
3. Réduisez le feu pour ramener la température juste au-dessous de l'ébullition et plongez les abricots avec une écumoire. Ils doivent ramollir après 8 à 10 minutes de cuisson.
4. Parfumez avec 2 cl de liqueur d'amandes ; laissez refroidir.

On peut aussi retirer les fruits et faire réduire le sirop, puis mélanger et laisser refroidir.

Pêches au vin

Pour 4 à 8 personnes :

1. Faites blanchir 4 grosses pêches blanches en les plongeant dans de l'eau bouillante. Pelez-les, coupez-les en deux et enlevez les noyaux.
2. Portez à ébullition 1/2 l de bordeaux avec 60 g de sucre et 1/2 bâton de cannelle (ou 1 cuil. à café de poudre de cannelle).
3. Plongez-y les pêches et réduisez le feu pour atteindre une température juste au-dessous de l'ébullition. Laissez cuire 12 à 15 minutes ; les fruits doivent rester fermes.
4. Retirez les pêches avec une écumoire, laissez réduire le sirop pendant environ 5 minutes, parfumez avec 2 cl de cognac et remettez les pêches. Laissez refroidir.

Poires Belle-Hélène

Pour 4 personnes :

Faites pocher 4 poires dans un sirop épais composé de sucre et d'eau, laissez-les refroidir, égouttez-les, puis présentez-les sur des coupes individuelles que vous aurez préalablement garnies de glace à la vanille. Nappez le tout d'une sauce au chocolat chaud préparée ainsi : faites fondre à feu doux 125 g de chocolat amer dans 2 cuil. à soupe d'eau. Lorsque la sauce est bien lisse, elle est prête.

Les salades de fruits

Le secret de leur réussite consiste à n'utiliser que des fruits frais de saison de la meilleure qualité et mûrs à point. On peut inventer toutes sortes de mélanges selon son goût. Les recettes que nous vous donnons constituent des suggestions de mariages particulièrement réussis.

Salade de fruits au melon

Photo p. 44, à l'arrière-plan

Il faut, pour 4 personnes :

1 melon mûr à point

1 melon blanc d'Israël, si possible

Pour la sauce d'accompagnement :

Le jus et le zeste d'1/2 orange

Le jus d'un citron vert

75 g de sucre

2 cl de Cointreau

Pour décorer :

1 cuil. à café de noix hachées

Temps de préparation : 30 minutes
Temps de refroidissement : 30 minutes

1. Coupez l'un des melons en deux en dessinant un bord en zigzag avec un petit couteau pointu. Coupez également l'autre melon. Otez les pépins. A l'aide d'une petite cuillère, formez des boules et placez-les sur un plat. Retirez ce qu'il reste de fruit et pressez-en le jus.
2. Faites bouillir le jus d'orange et de citron vert avec le zeste d'orange et le sucre pendant 3 minutes, puis laissez refroidir.
3. Parfumez avec la liqueur et versez ce jus dans le plat contenant les boules de melon. Mélangez bien le tout et laissez encore refroidir.
4. Au moment de servir, présentez dans les moitiés de melon aux bords dentelés. Recouvrez de noix concassées.

Salade de papaye et de kiwi

Photo p. 44, à gauche

Il faut, pour 4 personnes :

1 papaye

1 cuil. à café de jus de citron

2 kiwis

4 grappes de groseilles

Pour la sauce :

10 cl de vin rouge

1 cuil. à café de jus de citron

40 g de sucre

1 pincée de cannelle

Pour décorer :

125 g de crème fraîche

1 cuil. à café de sucre

1 cuil. à café de pistaches émincées

Temps de préparation : 35 minutes

1. Coupez la papaye en deux et enlevez les pépins à l'aide d'une cuillère. Enlevez la peau et coupez le fruit en lamelles dans le sens de la longueur, arrosez de jus de citron.
2. Épluchez les kiwis et coupez-les en lamelles également.
3. Lavez les groseilles et égrenez-les avec une fourchette.
4. Disposez les papayes en éventail sur 4 assiettes et, à côté, le kiwi et les groseilles.
5. Préparez la sauce : faites bouillir pendant environ 2 minutes le vin rouge avec le jus de citron, le sucre et la cannelle. Laissez refroidir.
6. Versez cette sauce sur les fruits et répartissez dans des coupes individuelles.
7. Au moment de servir, battez la crème fraîche avec le sucre pour obtenir une chantilly. Décorez chaque coupe d'une rosette de crème et de quelques pistaches.

Fruits à la sauce au chocolat

Photo p. 44, au premier plan

Il faut, pour 4 personnes :

1 poire moyenne bien juteuse

1 cuil. à café de jus de citron

2 oranges

60 g de framboises

4 cuil. à soupe de crème au chocolat (recette p. 13)

1 cuil. à café de pistaches émincées

Pour décorer :

Feuilles de menthe

Temps de préparation : 20 minutes

1. Lavez la poire, pelez-la, coupez-la en quatre, puis en fines lamelles. Arrosez aussitôt de jus de

citron pour les empêcher de noircir.
2. Pelez les oranges à vif (il ne doit pas rester de peau blanche) et coupez-les en rondelles.
3. Disposez sur des assiettes individuelles les rondelles d'oranges, les lamelles de poire et les framboises.
4. Versez la crème au chocolat à côté des fruits, parsemez quelques pistaches sur les fruits et décorez de feuilles de menthe.

Salade de fruits sauce à l'orange

Photo p. 45, au centre

Il faut, pour 4 personnes :

2 oranges
150 g de fraises
2 bananes
8 litchis bien frais ou en conserve

Pour la sauce :

2 oranges
60 g de sucre
1 cl de rhum vieux
2 cl de Cointreau

Temps de préparation : 35 à 40 minutes
Temps de refroidissement : environ 30 minutes

1. Préparez les fruits : pelez les oranges à vif (il ne doit pas rester de peau blanche), coupez-les en quartiers et enlevez la peau de chaque quartier.
2. Lavez les fraises, égouttez-les, équeutez-les. Coupez les fruits en 2 ou 4 selon leur grosseur.
3. Épluchez les bananes et coupez-les en rondelles.
4. Épluchez les litchis frais et ôtez leur noyau ou égouttez les litchis s'ils sont en conserve.
5. Préparez la sauce : lavez une orange à l'eau chaude, retirez-en le zeste. Pressez les 2 oranges.
6. Mettez ce jus dans une casserole sur feu doux et faites réduire d'un tiers. Ajoutez le sucre et le zeste de l'orange et laissez bouillir quelques instants.
7. Retirez du feu, ajoutez le rhum et le Cointreau et laissez refroidir. Enlevez le zeste.
8. Disposez les quartiers d'orange en éventail sur des assiettes individuelles.
9. Mélangez les autres fruits à la sauce dans un bol et répartissez ce mélange dans les quatre assiettes. Servez très frais.

Mélange de figues et de kakis

Photo p. 45, à l'arrière-plan

Il faut, pour 4 personnes :

2 kakis
4 figues
1 pamplemousse
1 belle grappe de raisin
40 g de mûres

Pour la sauce :

10 cl de vin blanc sec
3 cuil. à café de sucre
1/2 gousse de vanille

Pour décorer :

125 g de crème fraîche (facultatif)
Quelques feuilles de menthe

Temps de préparation : 40 à 45 minutes

1. Pelez les kakis et les figues et coupez-les en lamelles ; enlevez la peau des grains de raisin et des quartiers de pamplemousse.
2. Préparez la sauce : mettez dans une casserole le vin blanc, le sucre et la gousse de vanille fendue, faites bouillir pendant 2 ou 3 minutes, puis laissez refroidir.
3. Disposez les lamelles de kakis et de figues avec les quartiers de pamplemousse et les grains de raisin sur quatre assiettes. Ajoutez quelques mûres et versez la sauce.
4. Fouettez la crème fraîche en chantilly, décorez-en chaque assiette et parsemez de feuilles de menthe.

Variante : Salade de fruits à la crème de café

La préparation est la même que pour la recette précédente, seule la sauce d'accompagnement est différente. Elle se prépare ainsi : mélangez dans une terrine 2 cuil. à soupe de liqueur de café, 2 cuil. à soupe de café chaud bien fort et arrosez-en la salade. Décorez avec des grains de café entiers.

Pêches fourrées aux amandes

Photo ci-contre, au premier plan

Il faut, pour 4 personnes :
4 pêches fraîches ou en conserve
60 g de pâte d'amandes
30 g de noix concassées
2 cuil. à café de cognac
30 g de sucre en poudre
Le jus d'une orange
Pour la sauce d'accompagnement :
3 jaunes d'œufs
50 g de pâte d'amandes
50 g de sucre
1/4 l de lait
50 g de poudre d'amandes
2 cuil. à café de liqueur d'amandes
1 cuil. à café de confiture de groseilles
1 cuil. à café de kirsch
Pour décorer :
125 g de crème fraîche (1 petit pot)
Des copeaux de chocolat

Temps de préparation : 50 minutes à 1 heure

1. Plongez les pêches dans de l'eau bouillante, pelez-les, coupez-les en deux et enlevez le noyau.
2. Mettez la pâte d'amandes dans un bol avec les noix, le cognac, le sucre en poudre et le jus d'orange ; mélangez bien, vous devez obtenir une pâte bien homogène. Fourrez les moitiés de pêches avec ce mélange, puis refermez-les pour reconstituer le fruit entier.
3. Pour la sauce : battez au fouet dans un bol les jaunes d'œufs, la pâte d'amandes et le sucre jusqu'à ce que vous formiez une pommade bien lisse. Portez le lait à ébullition dans une casserole et incorporez-le petit à petit au mélange du bol lorsqu'il est encore chaud, sans cesser de remuer.
4. Reversez le tout dans la casserole et faites chauffer sans bouillir. Quand la crème nappe la cuillère, retirez la casserole du feu.
5. Passez la sauce au tamis puis ajoutez la poudre d'amandes et la liqueur d'amandes. Laissez refroidir.
6. Répartissez la sauce dans quatre assiettes individuelles, mélangez la confiture de groseilles avec le kirsch et, à l'aide d'un cône en papier sulfurisé, formez une spirale sur la sauce en vous inspirant du modèle de la photo p. 12-13.
7. Fouettez la crème fraîche, qui doit devenir ferme mais pas trop dure, et déposez les pêches dans les assiettes ; décorez avec une rosette de crème fouettée et des copeaux de chocolat.

Glace à la vanille meringuée, sauce au nougat

Photo ci-contre, à l'arrière-plan

Il faut, pour 4 personnes :
Pour la meringue :
4 blancs d'œufs
120 g de sucre glace
80 g de sucre en poudre
20 g de fécule (ou de Maïzena)
Pour la sauce d'accompagnement :
1/4 l de lait
50 g de nougat
50 g de sucre
80 g de noisettes grillées écrasées en poudre
2 cuil. à café de Maïzena
2 jaunes d'œufs
2 cuil. à soupe de lait
4 grosses boules de glace à la vanille
150 g de groseilles fraîches, ou surgelées, ou au naturel
Pour décorer :
125 g de crème fouettée
1 cuil. à café de sucre

Temps de préparation : 1 heure 30 minutes, sans compter le temps de préparation de la meringue

1. Préparez la meringue en vous reportant aux indications données p. 32.
2. Pour la sauce : versez dans une casserole 1/4 l de lait, ajoutez-y le sucre, le nougat et les noisettes en poudre, puis portez à ébullition. Mélangez la Maïzena avec les jaunes d'œufs et les 2 cuillerées de lait. Versez ce mélange dans la casserole et ajoutez-le aux autres ingrédients. Laissez bouillir quelques minutes, puis laissez refroidir en remuant de temps en temps.
3. Disposez sur chaque assiette individuelle la meringue et la glace à la vanille, puis versez tout autour la sauce au nougat.
4. Décorez avec les groseilles et la crème fouettée.

Tartelettes aux fruits

Elles peuvent être réalisées avec toutes les sortes de fruits, qu'il s'agisse de fruits en conserve, surgelés ou en compote, mais notre préférence va toujours aux fruits frais.

Pour le choix des moules, les possibilités sont également variées : qu'ils soient ronds, carrés, ovales ou en forme de fleur, toutes les fantaisies sont permises.

Il faut, pour environ 40 tartelettes :

Pour la pâte :

200 g de farine
100 g de beurre
70 g de sucre en poudre
1 pincée de sel
1 jaune d'œuf

Pour la garniture :

100 g de chocolat amer
50 g de sucre
20 g de Maïzena
2 jaunes d'œufs
1/4 l de lait
1/2 gousse de vanille
Les fruits de son choix
(cerises, prunes, poires, pommes, etc.)

Pour décorer :

Des pistaches
ou des amandes émincées

Pour le glaçage :

1 sachet de gélifiant (facultatif)

Temps de préparation : 2 heures
Temps de repos de la pâte : 1 heure

1. Tamisez la farine, faites une fontaine dans le milieu et mettez-y le beurre ramolli coupé en noisettes, le sucre en poudre, le sel, et le jaune d'œuf. Malaxez rapidement du bout des doigts pour obtenir une pâte d'aspect sableux. Roulez-la en boule, enveloppez-la dans du papier aluminium et laissez-la reposer au moins 1 heure au réfrigérateur.
2. Étalez la pâte avec un rouleau, très délicatement car elle est friable, et poudrez avec un peu de farine pour la « stabiliser ».
3. Garnissez-en les moules en appuyant bien sur la pâte, coupez les bords qui dépassent. Piquez le fond avec une fourchette. Placez au four préchauffé à 200° et laissez cuire 5 à 7 minutes en surveillant bien la cuisson. Retirez les moules du four et laissez-les refroidir.
4. Faites fondre le chocolat au bain-marie, et garnissez-en le fond des tartelettes à l'aide d'un pinceau. En procédant ainsi, vous éviterez que la pâte sablée ne ramollisse au contact des fruits.
5. Préparez la garniture des fonds de tarte : mettez dans une jatte la moitié du sucre, la Maïzena et les jaunes d'œufs. Versez le 1/4 de la quantité de lait et fouettez bien.
6. Mélangez le reste de lait avec le sucre restant et la gousse de vanille fendue dans une casserole ; ajoutez peu à peu la Maïzena mélangée avec le sucre et l'œuf et laissez bouillir tout en fouettant de façon à obtenir une crème bien lisse, puis retirez la casserole du feu et laissez refroidir son contenu dans un bain-marie glacé en continuant de remuer.
7. Passez au tamis et garnissez le fond des tartelettes avec cette crème à la vanille.
8. Pour terminer, remplissez les tartelettes avec les fruits de votre choix.

La saveur des fruits frais est incomparable, et il est conseillé d'éviter d'avoir recours aux compotes ou conserves de fruits. Les abricots, les pêches, les kiwis, les mangues, les figues et les diverses espèces de baies sont particulièrement recommandés. Les gros fruits doivent être coupés en cubes ou en tranches. On peut aussi, selon les goûts, parfumer la crème à la vanille avec de l'alcool.

9. Décorez enfin de pistaches ou d'amandes émincées.

Feuilletés aux pommes

Il faut, pour 4 personnes :
300 g de pâte feuilletée
4 pommes (pommes acides)
Pour la garniture :
80 g de pâte d'amandes
1 cuil. à soupe de morceaux de gingembre confit
2 cuil. à soupe de cerises confites coupées en morceaux
2 cuil. à café de kirsch
1 cuil. à soupe de sucre en poudre
1 jaune d'œuf
4 cuil. à soupe de confiture d'abricots
Pour la crème à la vanille :
250 g de crème fraîche
1 sachet de sucre vanillé
2 à 3 cuil. à soupe de sucre
Pour décorer :
Du chocolat râpé

Temps de préparation : environ 1 heure
Temps de cuisson : 15 à 20 minutes

1. Roulez la pâte feuilletée d'avant en arrière et de gauche à droite et inversement, jusqu'à ce que vous obteniez une pâte très fine. Le travail doit être très régulier et permettre d'obtenir un carré de pâte de 27 sur 27 cm. Coupez-le en quatre carrés d'environ 13,5 cm sur 13,5 cm chacun.
2. Épluchez les pommes et ôtez le centre et les pépins à l'aide d'un vide-pomme.
3. Mélangez la pâte d'amandes avec le gingembre, les cerises, le kirsch et le sucre en poudre ; fourrez les pommes de ce mélange et placez chaque pomme au milieu d'un carré de pâte ; rabattez en faisant se rejoindre les coins de pâte sur le dessus de la pomme.
4. A l'aide d'un pinceau, recouvrez de jaune d'œuf battu.
5. Roulez les restes de pâte en formant quatre ronds et placez-les sur les pommes enrobées de pâte comme des chapeaux ; recouvrez d'un peu de jaune d'œuf battu.
6. Placez les pommes sur une plaque du four préalablement lavée à l'eau froide et laissez reposer environ 30 mn avant de commencer la cuisson.
7. Pendant ce temps, préchauffez le four à 220°, faites cuire les pommes pendant 15 à 20 mn au four, mettez la confiture d'abricots dans une casserole et faites-la légèrement réchauffer puis, dès la sortie du four, recouvrez-en les pommes que vous aurez disposées sur des assiettes individuelles. Décorez avec du chocolat râpé.

Variante : Feuilletés aux poires

Recette pour 4 personnes :
Préparez 300 g de pâte feuilletée comme dans la recette précédente. Épluchez 4 poires, et retirez-en le centre et les pépins. Laissez tremper 40 g de raisins de Corinthe dans 4 cl d'alcool de poire. Dans une jatte, travaillez ensemble 30 g de sucre en poudre, 40 g de cacao, 60 g de pâte d'amandes et 2 cuillerées à soupe d'eau ; ajoutez les raisins.
Fourrez les poires avec ce mélange et recouvrez-les de pâte. Procédez comme dans la recette précédente. Servez avec de la sauce au chocolat ou de la crème à la vanille (recettes p. 9 et 13).

Variante : Feuilletés à l'abricot

Préparez 300 g de pâte feuilletée (voir recette des feuilletés aux pommes). Étalez 4 cuil. à soupe de confiture d'abricots sur la pâte. Mélangez dans une terrine 2 œufs, 100 g de sucre, 100 g de poudre d'amandes et 1 cuil. à soupe d'eau de fleur d'oranger ; battez bien et versez ce mélange sur la confiture. Refermez les feuilletés avec la pâte et passez au four chaud pendant 30 mn environ.
Servez tiède, avec un pot de crème fraîche.

Pommes à la vanille

Photo ci-contre, au premier plan

Il faut, pour 4 personnes :
4 pommes de taille moyenne
37,5 cl d'eau
1 cuil. à soupe de sucre
Le zeste d'un demi-citron
Le jus d'un citron
4 cuil. à soupe
de confiture de groseilles
Pour la sauce d'accompagnement :
2 jaunes d'œufs
50 g de sucre vanillé
4 cuil. à café de Maïzena
1/2 l de vin blanc
2 cl de rhum
2 blancs d'œufs

Temps de préparation : 45 minutes

1. Lavez les pommes, épluchez-les et enlevez le centre avec un vide-pomme.
2. Dans une casserole, versez l'eau, ajoutez le sucre, le zeste et le jus du citron et portez à ébullition. Ajoutez les pommes entières et laissez cuire en surveillant la cuisson pendant environ 10 minutes. Les pommes ne doivent pas se défaire. Retirez les pommes à l'aide d'une écumoire, laissez-les égoutter et faites refroidir.
3. Pour la sauce : battez les jaunes d'œufs et le sucre vanillé en crème, puis ajoutez la Maïzena et le vin.
4. Placez le mélange dans une casserole et faites-le chauffer en tournant avec une spatule en bois jusqu'au premier bouillon. Retirez du feu et continuez de tourner pendant quelques instants. Parfumez à ce moment avec le rhum.
5. Battez les blancs en neige bien ferme et incorporez-les à la sauce encore chaude.
6. Disposez les pommes sur des assiettes individuelles et remplissez le centre de confiture de groseilles, puis recouvrez avec la sauce d'accompagnement.

Beignets de pommes

Photo ci-contre, à l'arrière-plan

Il faut, pour 4 à 6 personnes :
750 g de pommes acides
et bien fermes
50 g de sucre
Le jus d'un citron
2 cl de rhum
Pour la pâte :
200 g de farine
2 œufs
12,5 cl de jus de pomme
12,5 cl de vin blanc
1 pincée de sel
Le zeste d'un citron
Pour décorer :
Du sucre en poudre

Temps de préparation : 45 minutes
Temps de repos de la pâte : 30 minutes

1. Lavez les pommes, épluchez-les et retirez le centre à l'aide d'un vide-pomme. Coupez-les en rondelles d'environ 1 cm d'épaisseur et placez-les dans une jatte ; arrosez avec le jus d'un citron et le rhum puis saupoudrez de sucre, couvrez et laissez macérer.
2. Versez la farine dans une jatte, ajoutez-y les œufs, le jus de pomme, le vin blanc, le sel et le zeste de citron ; mélangez bien de façon à obtenir une pâte assez épaisse. Laissez reposer environ 1/2 h.
3. Égouttez soigneusement les rondelles de pommes et incorporez-les à la pâte.
4. Faites chauffer de l'huile dans une friteuse puis, lorsqu'elle est bien chaude, jetez-y les rondelles de pommes ; retirez-les après les avoir fait cuire deux minutes de chaque côté. Les beignets doivent avoir une belle couleur dorée.
5. Disposez-les sur des assiettes ou sur un plat ; saupoudrez de sucre et servez aussitôt.

Variante : Pommes au four

Recette pour 4 personnes :
Retirez le centre de 4 pommes acides et de même taille. Mélangez 50 g de poudre d'amandes avec 1 cuil. à soupe de miel, 1 cuil. à soupe de morceaux d'orange confite et 2 cuil. à soupe de rhum. Ajoutez 1 cuil. à soupe de raisins de Corinthe. Remplissez les pommes de ce mélange. Huilez une plaque à pâtisserie et placez-y les pommes ; mettez au four préchauffé à 200°. La cuisson dure de 20 à 30 minutes selon les variétés de pommes. Il est conseillé de servir ces « pommes au four » avec de la crème à la vanille (recette p. 9).

Galettes sucrées

Cette pâtisserie particulièrement délicieuse est faite à partir d'une pâte au levain assez fluide. Il est préférable d'utiliser une crépière, mais une poêle normale peut faire l'affaire, les bords des galettes seront alors moins réguliers. Cette préparation doit être servie chaude, saupoudrée de sucre ou bien encore fourrée comme des crêpes.

Il faut, pour 4 personnes :
400 g de farine
20 g de levure
1/4 l de lait tiède
30 g de beurre
30 g de sucre
1 pincée de sel
Le zeste d'1/2 citron
2 œufs
Pour la cuisson :
Du beurre

Temps de préparation : 1 heure 30 minutes à 2 heures

1. Tamisez la farine dans un plat, faites une fontaine dans le milieu et mettez-y la levure et le lait tiède ; mélangez jusqu'à ce que vous obteniez une pâte bien homogène ; recouvrez le dessus d'une couche de farine, puis posez dessus un torchon et laissez reposer pendant environ 15 minutes dans un endroit assez chaud jusqu'à ce que de petites fissures apparaissent sur le dessus.
2. Faites fondre doucement le beurre dans une casserole, mélangez-y le sucre, le sel, le zeste de citron et les œufs puis ajoutez la pâte levée. Mélangez bien et couvrez ; laissez reposer dans un endroit frais pendant 30 à 60 minutes.
3. Beurrez la poêle et formez des petites galettes en versant la pâte à l'aide d'une louche. Faites cuire de chaque côté environ 3 minutes. Servez chaud et saupoudrez de sucre ; on peut aussi présenter les galettes « fourrées » en les assemblant deux par deux et en les « farcissant » avec l'un des mélanges suivants.

Galettes fourrées au fromage blanc

Photo ci-contre, à l'arrière-plan

Il faut, pour 4 personnes :
250 g de fromage blanc
1 jaune d'œuf
Le jus et le zeste d'un citron râpé
60 g de sucre
1 cuil. à soupe de noix concassées

Temps de préparation : 10 minutes

1. Battez le fromage blanc avec le jaune d'œuf, le zeste et le jus de citron, puis le sucre, jusqu'à ce que le mélange soit bien homogène ; déposez une couche de ce mélange sur une galette lorsqu'elle est encore dans la poêle et qu'elle est presque cuite ; sortez-la ensuite de la poêle et couvrez-la d'une autre galette.
2. Décorez avec des morceaux de noix.

Galettes fourrées aux airelles (ou aux myrtilles)

Photo ci-contre, au centre

Il faut, pour 4 à 6 personnes :
150 g d'airelles fraîches
(ou surgelées, ou au naturel)
6 cuil. à café de jus de cerise aigre
ou d'un autre jus de fruits rouges
1 cuil. à soupe de jus de citron
50 g de sucre
1 cuil. à café rase de gélifiant
1 cuil. à soupe d'eau
Un peu de sucre glace

Temps de préparation : 15 minutes

1. Portez à ébullition dans une casserole le jus de cerise, le jus de citron et le sucre puis ajoutez les airelles. Laissez bouillonner quelques instants.
2. Faites dissoudre le gélifiant dans l'eau, puis ajoutez-le dans la casserole avec les fruits pour faire épaissir le jus.
3. Fourrez les galettes de ce mélange lorsqu'elles sont encore chaudes.
4. Poudrez les galettes de sucre glace au moment de servir.
Accompagnez ce dessert d'une crème fouettée à la vanille.

Savarins

Ces gâteaux à base de pâte au levain sont d'origine russe ; on les appelle chez nous babas au rhum. Une variante de ces gâteaux imbibés de sirop de sucre est attribuée au grand gastronome Brillat-Savarin et compte aujourd'hui parmi les desserts classiques. Les savarins sont confectionnés dans des moules en forme de couronne de 9 à 12 cm de diamètre ou bien dans un seul grand moule (la cuisson est alors plus longue, de 25 à 30 minutes).
Cette recette permet de réaliser une vingtaine de petits savarins.

Il faut, pour une vingtaine de personnes :

Pour la pâte :

350 g de farine
20 g de levure
12,5 cl de lait tiède
150 g de beurre
40 g de sucre
1 pincée de sel
3 œufs

Pour les moules :

Du beurre et de la farine

Pour le sirop :

1/2 l d'eau
250 g de sucre
10 cl de rhum vieux

Pour la garniture (pour 4 parts) :

2 cuil. à soupe de jus de citron
2 cuil. à soupe de sucre
4 cuil. à soupe de vin blanc
250 g de fraises fraîches

Pour décorer :

De la crème fouettée et des amandes émincées

Temps de préparation : environ 2 heures
Temps de cuisson : environ 15 minutes

1. Tamisez la farine dans un plat, faites une fontaine dans le milieu et mettez-y la levure délayée dans le lait ; tamisez au-dessus une nouvelle couche de farine et recouvrez d'un linge propre ; laissez reposer dans un endroit assez chaud pendant une quinzaine de minutes jusqu'à ce que des fissures apparaissent sur le dessus.
2. Pendant ce temps, faites fondre le beurre, ajoutez-y le sucre, le sel et les œufs et mélangez bien. La préparation ne doit pas être mousseuse.
3. Incorporez cette préparation encore tiède à la pâte au levain. Travaillez de façon à obtenir une pâte souple et lisse. Couvrez et laissez reposer une vingtaine de minutes.
4. Beurrez et farinez les moules, remplissez-les de pâte jusqu'aux 2/3 de la hauteur. Laissez lever la pâte, qui doit arriver au bord du moule, avant de mettre au four préchauffé à 200° pendant 15 minutes environ.
5. Démoulez et laissez refroidir.
6. Pendant ce temps, faites dissoudre le sucre dans de l'eau en ébullition et parfumez avec le rhum.
7. A l'aide d'une écumoire, faites tremper chaque savarin dans le sirop chaud, puis retirez-les au bout d'une minute.
8. On peut les napper, si on le désire, d'un glaçage au sucre.
9. Pour la garniture : portez à ébullition le jus de citron mélangé avec le sucre et le vin blanc. Ajoutez les fraises bien lavées, coupées en quatre, et laissez bouillir un court instant.
10. Garnissez alors les savarins avec ce mélange et décorez avec de la crème fouettée et des amandes émincées.

Variantes

Le savarin peut être accommodé de diverses façons : par exemple trempé dans un sirop à base d'alcool de prune et garni de pruneaux, ou encore dans un sirop à base de Cointreau avec une garniture de framboises.
Il peut ainsi être servi avec toutes sortes de sirops et de fruits, selon les goûts et les saisons.

Strudel aux pommes (Apfelstrudel)

Cette recette est celle d'un des plus grands pâtissiers viennois. Le secret de la réussite de l'*Apfelstrudel* — nom d'origine — réside dans le travail de la pâte, qui doit être très souple.

Il faut, pour 10 à 12 parts :

Pour la pâte :
150 g de farine
1 jaune d'œuf
1 pincée de sel
2 cuil. à soupe d'huile
6 à 8 cl d'eau

Pour la garniture :
1,5 kg de pommes
125 g de chapelure
100 g de beurre
+ 75 g de beurre fondu
150 g de sucre
2 cuil. à café de cannelle
50 g de raisins de Corinthe
40 g de noix concassées

Pour beurrer le moule et étaler sur le gâteau :
50 g de beurre

Pour décorer :
Sucre glace

Temps de préparation : 1 heure 30 minutes à 2 heures

1. Tamisez la farine sur le plan de travail, faites une fontaine au milieu et mettez-y le jaune d'œuf et le sel, puis l'huile. Pétrissez bien la pâte du bout des doigts jusqu'à ce que vous obteniez une pâte tout à fait lisse et souple ; à ce moment, ajoutez l'eau en pétrissant toujours. Lorsque la pâte a la consistance requise, formez une boule et posez-la sur une surface lisse recouverte de farine tamisée. A l'aide d'un pinceau, passez une couche d'huile sur la pâte et laissez-la reposer au moins 30 minutes.
2. Pendant ce temps, épluchez les pommes, retirez-en le cœur avec un vide-pomme et coupez-les en rondelles les plus fines possible ou, mieux encore, utilisez une râpe à concombre.
3. Dans une casserole, faites revenir rapidement la chapelure avec 100 g de beurre, puis laissez refroidir.
4. Posez un linge propre sur une table, recouvrez-le de farine et posez-y la pâte. Avec un rouleau à pâtisserie, étalez la pâte jusqu'à ce qu'elle soit très fine, puis étirez-la à la main. Pour cela, saisissez la pâte par en dessous, puis, avec les deux mains, étirez-la en partant du centre vers l'extérieur.
Procédez ainsi sur tout le tour de façon à obtenir une pâte extrêmement mince.
5. Avec un pinceau, nappez les 2/3 de la pâte, sur sa longueur, de 75 g de beurre juste fondu et encore tiède. Sur l'autre tiers, mettez la chapelure roussie dans le beurre et recouvrez de rondelles de pommes.
6. Mélangez le sucre, la cannelle, les raisins de Corinthe, et versez sur les pommes. Pour que ce soit encore meilleur, ajoutez les noix concassées.
7. En soulevant le torchon, ramenez la pâte sur les pommes et formez le gâteau en le roulant avec précaution ; placez-le sur une plaque à pâtisserie beurrée, versez le reste de beurre fondu sur le dessus.
8. Placez au four préchauffé à 220° et laissez cuire pendant 30 minutes.
9. Au moment de servir, saupoudrez de sucre glace et présentez le plat chaud avec, éventuellement, de la crème à la vanille (recette p. 9).

La garniture de la recette que nous vous donnons est celle du Strudel aux pommes classique, mais on peut également le fourrer avec des cerises dénoyautées mélangées à du sucre et des amandes pilées, ou avec du fromage blanc mélangé à des jaunes d'œufs, du zeste de citron râpé, des raisins secs et de la crème fraîche.
Toutes les garnitures sont possibles, mais la base demeure la cannelle et les raisins secs.

Beignets au fromage blanc

Photo ci-contre, au premier plan

Il faut, pour 4 à 6 personnes :

1 baguette rassie
200 g de fromage blanc
30 g de sucre
Du sel
100 g de beurre
12,5 cl de lait
4 œufs
60 g de farine
50 g de chapelure
80 g de beurre

Temps de préparation : 1 heure 20 minutes

1. Écrasez la baguette, puis mélangez-la avec le fromage blanc, le sucre, une pincée de sel et les 100 g de beurre que vous aurez fait fondre au préalable. Ajoutez les œufs battus avec le lait et, enfin, la farine. Mélangez en travaillant bien et laissez reposer 1/2 heure.
2. Faites fondre les 80 g de beurre restant et, lorsqu'il est juste mousseux, ajoutez les 50 g de chapelure et faites revenir en tournant jusqu'à ce que le mélange soit légèrement doré.
3. Formez des petites boules de pâte, et plongez-les dans de l'eau bouillante salée. Laissez cuire à feu doux pendant 12 à 15 minutes. Retirez-les à l'aide d'une écumoire et laissez-les égoutter sur une passoire.
4. Au moment de servir, disposez-les sur des assiettes individuelles, répartissez dessus le mélange de chapelure et de beurre et servez avec de la compote de fruits.

Compote de quetsches (par exemple)

Mettez dans une casserole 250 g de sucre, 1 bâton de cannelle, 1 clou de girofle, le jus et le zeste d'un citron, portez à ébullition. Coupez en deux 500 g de prunes bien mûres, enlevez les noyaux et ajoutez au contenu de la casserole. Laissez cuire jusqu'à ce que les prunes soient bien molles, et servez chaud ou froid.

Beignets à la confiture de prunes

Photo ci-contre, à l'arrière-plan

Il faut, pour 4 à 6 personnes :

300 g de farine
20 g de levure
12,5 cl de lait tiède
30 g de beurre + 100 g de beurre fondu
30 g + 30 g de sucre en poudre
1 pincée de sel
Le zeste d'1/2 citron
1 œuf
150 g de confiture de prunes
80 g de graines de pavot

Temps de préparation : 1 heure 1/2

1. Tamisez la farine dans un plat, faites une fontaine dans le milieu et mettez-y la levure délayée dans le lait tiède ; tamisez une nouvelle couche de farine, recouvrez d'un linge et laissez reposer dans un endroit assez chaud pendant une quinzaine de minutes jusqu'à ce que des fissures apparaissent sur le dessus.
2. Faites fondre le beurre, battez en crème avec 30 g de sucre, une pincée de sel, le zeste de citron et l'œuf, incorporez le tout à la pâte au levain. Pétrissez de façon à obtenir une pâte souple et lisse. Couvrez et laissez reposer 15 minutes.
3. Étalez la pâte et découpez des carrés de 7 cm de côté et de 1,5 cm d'épaisseur. Versez une cuillerée de confiture sur chacun d'eux, rabattez la pâte et, avec la main, formez de petites boules. Posez sur une surface farinée et laissez reposer. Chaque boule doit doubler de volume.
4. Remplissez à moitié une grande casserole d'eau salée, portez à ébullition. Plongez-y les boules de pâte et couvrez en laissant passer de l'air.
5. Au bout de 10 minutes, enlevez le couvercle, retournez les boules, laissez cuire 5 minutes et retirez à l'aide d'une écumoire.
6. Piquez-les en deux ou trois endroits avec une aiguille pour qu'elles ne se défassent pas. Recouvrez d'un peu de beurre et saupoudrez de sucre mélangé avec les graines de pavot.

Aussi curieux que cela puisse paraître les deux recettes de beignets qui suivent sont à base de... pommes de terre ! C'est en effet une tradition autrichienne que de confectionner des pâtes à base de pommes de terre et non de farine. Mais attention : les tubercules doivent cuire dans leur peau, et au four pour qu'ils soient bien secs. Essayez donc, vous ne serez pas déçu(e).

Beignets aux abricots

Photo ci-contre, au premier plan

Il faut, pour 4 personnes :

500 g de pommes de terre farineuses
50 g de semoule
1 pincée de sel
1 œuf + 1 jaune d'œuf
100 g de farine
8 à 12 abricots frais
8 à 12 morceaux de sucre
50 + 40 g de beurre
100 g de chapelure
Sucre en poudre

Temps de préparation : 1 heure
Temps de cuisson des pommes de terre : 1 heure

1. Lavez les pommes de terre, mettez-les sur une plaque du four et faites cuire à 200°. Une fois cuites, coupez-les en deux, épluchez-les et écrasez-les en purée. Laissez refroidir sur la table de travail.
2. Faites une fontaine au milieu de la purée et mettez-y le beurre ramolli, la semoule, une pincée de sel, l'œuf et la farine. Mélangez bien pour obtenir une pâte lisse. Ajoutez de la farine si la pâte est trop molle.
3. Étalez cette pâte sur une surface farinée. Coupez des carrés de 5 mm d'épaisseur et de 8 à 12 cm de côté, selon la grosseur des abricots. Mettez sur chaque carré de pâte un abricot dont vous aurez remplacé le noyau par un morceau de sucre. Rabattez la pâte, formez une boule avec la main.
4. Plongez les boules de pâte dans de l'eau bouillante salée. L'eau doit bouillonner tout doucement pour que les boules de pâtes cuisent doucement pendant 10 à 12 minutes à partir du moment où elles sont remontées à la surface.
5. Une fois cuites, retirez-les à l'aide d'une écumoire et plongez-les un court instant dans de l'eau froide.
6. Pendant ce temps, faites fondre le beurre restant avec la chapelure, faites roussir et roulez les boules dans ce mélange. Saupoudrez de sucre et versez éventuellement un peu de beurre fondu sur le dessus.

Beignets aux prunes

Photo ci-contre, à l'arrière-plan

Il faut, pour 4 personnes :

Pâte de pommes de terre de la recette précédente
100 g de confiture de prunes
1 jaune d'œuf
40 g de beurre
100 g de chapelure
Sucre en poudre

Temps de préparation : 1 heure

1. Coupez des carrés de pâte de pommes de terre de 5 mm d'épaisseur et de 8 à 9 cm de largeur. Étalez au centre de chaque carré une cuillerée à café de confiture de prunes.
2. A l'aide d'un pinceau, badigeonnez le bord de jaune d'œuf et rabattez pour fermer. Appuyez bien avec les doigts pour que la confiture reste au centre du beignet pendant la cuisson.
3. Plongez dans l'eau bouillante salée et laissez cuire doucement pendant 10 à 12 minutes à partir du moment où le beignet est remonté à la surface. Retirez-le à l'aide d'une écumoire.
4. Plongez un court instant le beignet dans de l'eau froide et roulez-le dans le beurre roussi avec la chapelure. Saupoudrez de sucre avant de servir.

Crêpes fourrées

Elles peuvent être fourrées avec de la confiture, de la compote, de la crème anglaise ou tout autre mélange sucré. Il est conseillé de les enrouler sur elles-mêmes et de les enfourner quelques minutes pour les faire gratiner ; soupoudrez-les ensuite de sucre glace au moment de servir.

Il faut, pour 4 à 6 personnes :
100 g de farine
1/8 l de lait
2 œufs
1 pincée de sel
1 cuil. à café de sucre
1 cuil. à soupe d'huile
Pour la cuisson :
Du beurre
Pour la garniture :
50 g de raisins de Corinthe
2 cl de rhum vieux
50 g de beurre mou
100 g de sucre
1 pincée de sel
Le zeste d'1 citron
2 jaunes d'œufs
400 g de fromage blanc
2 blancs d'œufs
Pour la sauce d'accompagnement :
1 œuf
125 g de crème fraîche
1 cuil. à soupe de sucre glace

Temps de préparation : environ 1 heure
Temps de repos : 1 heure
Temps de cuisson : 25 minutes

1. Versez la farine dans un récipient assez grand, ajoutez le lait, les œufs, le sel, le sucre et l'huile ; battez avec un fouet de façon à obtenir une pâte fine et lisse. Laissez reposer environ 1 heure.
2. Pendant ce temps, laissez tremper les raisins de Corinthe dans le rhum jusqu'à ce qu'ils ramollissent.
3. Au moment de faire les crêpes, remuez de nouveau la pâte et faites cuire dans du beurre 8 à 10 crêpes fines de 18 cm de diamètre.
4. Disposez les crêpes sur une assiette.
5. Préparez la garniture : mélangez le beurre mou avec la moitié du sucre, le sel et le zeste de citron, puis ajoutez les jaunes d'œufs jusqu'à ce que le mélange devienne mousseux ; ajoutez alors le fromage blanc et les raisins de Corinthe.
6. Battez les blancs d'œufs en neige avec les 50 g de sucre restants, incorporez-les très délicatement à la garniture.
7. Fourrez-en les crêpes et roulez-les, puis placez-les dans un plat beurré en les disposant de sorte que le côté uni des crêpes soit sur le dessus.
8. Préparez la sauce d'accompagnement : battez au fouet l'œuf avec la crème fraîche et le sucre glace, puis versez-la sur les crêpes.
9. Couvrez les crêpes de quelques noix de beurre, mettez le plat au four que vous aurez préalablement préchauffé à 200° et laissez cuire pendant 25 minutes.
10. Au moment de servir, saupoudrez de sucre glace et apportez tout de suite à table.

Variante : Crêpes fourrées à l'abricot

Recette pour 4 personnes :
1. Plongez 120 g d'abricots frais dans de l'eau en ébullition, pelez-les, ôtez le noyau et coupez-les en morceaux.
2. Versez 100 g de confiture d'abricots dans une casserole, portez à ébullition, ajoutez les morceaux d'abricots ; retirez la casserole du feu après 1 à 2 mn d'ébullition puis parfumez avec 2 cuil. à café de vanille liquide.
3. Fourrez les crêpes avec ce mélange, recouvrez de noisettes de beurre et faites dorer au four pendant quelques minutes.
4. Sortez le plat du four, parsemez 60 g de noix concassées et saupoudrez de sucre.

Variante : Crêpes fourrées au chocolat

Recette pour 4 personnes :
1. Fourrez les crêpes avec 100 g de confiture de cerises, roulez-les et recouvrez-les de noisettes de beurre.
2. Disposez les crêpes fourrées dans un plat allant au four et faites dorer à 200° pendant 5 à 6 mn.
3. Versez dans une casserole 12,5 cl d'eau, 80 g de sucre, 40 g de beurre et 20 g de cacao ; portez à ébullition ; dès le premier bouillon, retirez du feu et ajoutez 100 g de chocolat amer coupé en petits morceaux ; mélangez bien et parfumez avec 2 cl de rhum.
4. Versez la sauce encore chaude sur les crêpes.

On peut servir avec de la crème fraîche dans une jatte à part.

Ces omelettes mousseuses très légères sont délicieuses et peuvent être préparées avec diverses garnitures. On peut les fourrer avec une seule sorte de fruits, mais aussi avec des fruits mélangés, des compotes, de la confiture ou de la crème au chocolat.

Omelette sucrée aux cerises

Il faut, pour 4 personnes :
250 g de cerises en conserve au naturel
1/2 bâton de cannelle ou 1 cuil. à café de cannelle en poudre
1 clou de girofle
Le zeste d'un citron
2 cuil. à café de gélifiant ou 1 feuille de gélatine
Pour l'omelette :
4 jaunes d'œufs + 6 blancs d'œufs
1/2 gousse de vanille ou 1/2 cuil. à café de vanille liquide
100 g de sucre
50 g de farine
40 g de beurre
Pour la cuisson :
40 g de beurre
Pour décorer :
Du sucre glace

Temps de préparation : 30 minutes
Temps de cuisson : 10 minutes pour chaque omelette

1. Ouvrez la boîte de cerises et égouttez-les dans une passoire, au-dessus d'une casserole ; ajoutez la cannelle, le clou de girofle et le zeste de citron au jus et portez à ébullition.
2. Faites dissoudre la gélatine dans un peu d'eau et mélangez pour lier la sauce. Ajoutez alors les cerises et laissez refroidir.
3. Préparez la pâte : mélangez les jaunes d'œufs avec la vanille. Battez les blancs en neige en ajoutant peu à peu le sucre, et incorporez-les délicatement aux jaunes d'œufs. Ajoutez la farine avec précaution pour ne pas casser les blancs en neige.
4. Faites fondre le beurre et versez-le petit à petit sur cette pâte.
5. Faites fondre 10 g de beurre dans une poêle de 18 cm de diamètre et versez le quart de la pâte. Lissez le dessus à l'aide d'une cuillère en bois et placez sur le feu pendant 1 à 2 minutes pour faire légèrement gonfler l'omelette.
6. Mettez alors au four préchauffé à 200° pendant 10 minutes. Procédez de la même façon pour chaque omelette.
7. Une fois cuite, fourrez l'omelette avec la garniture de cerises, saupoudrez de sucre glace et servez dans des assiettes individuelles.

Variante : Omelette sucrée à l'ananas ou aux fruits mélangés

Recette pour 4 personnes :
Préparez la pâte en suivant les indications données dans la recette précédente.
Fourrez avec de la compote d'ananas ou des fruits de saison mélangés.

Variante : Galette royale

Recette pour 2 à 4 personnes :
1. Mélangez 80 g de farine avec 12,5 cl de lait, 2 jaunes d'œufs et une pincée de sel.
2. Battez 2 blancs d'œufs en neige avec une cuillerée à soupe de sucre et incorporez-les à la pâte ainsi que 40 g de raisins de Corinthe.
3. Faites fondre 30 g de beurre dans une poêle de 30 cm de diamètre et versez-y la pâte. Lissez le dessus avec une spatule, et laissez cuire quelques instants pour faire gonfler l'omelette. Enfournez alors dans le four préchauffé à 190° pendant 8 à 10 minutes.
4. Une fois cuite, sortez l'omelette du four et, à l'aide de deux cuillères, coupez-la en morceaux que vous présentez sur une assiette. Saupoudrez de sucre glace et servez aussitôt.

Soufflé à la vanille

Vous le réussirez facilement pour peu que vous suiviez attentivement les indications de la recette. Cependant, quelques règles de base s'imposent, valables pour tous les soufflés, qu'ils soient salés ou sucrés :

— ne pas ouvrir la porte du four durant la cuisson, sous peine de voir retomber votre soufflé ;

— à la fin de la cuisson (en général 25 mn environ), sortir le soufflé et le piquer d'une pointe fine en son cœur pour vérifier qu'elle ressort bien sèche. Si c'est le cas, le soufflé est cuit ;

— la température du four doit également être très scrupuleusement respectée : 200°, soit thermostat 6 ;

— ne jamais remplir le moule complètement : il devra être rempli aux 3/4 pour que le soufflé puisse monter ;

— utiliser un moule spécial (qu'il soit en porcelaine, faïence ou pyrex) dont les bords soient parfaitement verticaux, pour que le soufflé puisse gonfler régulièrement.

Il faut, pour 6 à 8 personnes :
(soit un moule à soufflé
de 18 cm de diamètre) :

50 g de beurre mou
50 g de farine
1/2 gousse de vanille
1/4 l de lait
4 œufs
70 g de sucre
Du beurre et du sucre

Pour la garniture de moule :

8 biscuits à la cuillère
4 cl de Cointreau
Du sucre en poudre

Temps de préparation : 50 minutes
Temps de cuisson : 40 à 50 minutes

Photo n° 1 : pétrissez le beurre mou avec la farine, faites une boule et coupez-la en rondelles. Portez le lait à ébullition et placez-y la gousse de vanille fendue en deux. Mettez une à une les rondelles de pâte dans le lait bouillant et mélangez bien.

Photo n° 2 : fouettez vigoureusement pour obtenir une pâte lisse et unie.

Photo n° 3 : séparez les blancs des jaunes d'œufs ; ajoutez un à un les jaunes à la pâte que vous aurez laissée refroidir et mélangez bien. Dans une autre jatte, mettez les blancs d'œufs et versez d'un seul coup les 70 g de sucre. Battez vigoureusement pour faire monter les blancs en neige. Vous obtiendrez ainsi une mousse très ferme.

Photo n° 4 : incorporez délicatement les blancs en neige à la pâte en commençant par mélanger 1 cuil. à soupe de blancs puis, petit à petit, le reste en soulevant l'appareil pour ne pas le casser.

Photo n° 5 : beurrez le moule à soufflé, saupoudrez d'une fine couche de sucre et garnissez le fond du moule de biscuits à la cuillère. Imbibez-les de Cointreau à l'aide d'un pinceau. Versez la pâte dans le moule, sur les biscuits, et faites cuire au four préchauffé à 200° dans un bain-marie d'eau très chaude. Le moule doit baigner dans 4 à 5 cm d'eau. Réglez la température du four en fonction de celle de l'eau du bain-marie, qui ne doit pas dépasser 80°. Laissez cuire pendant 40 à 50 minutes. Si, à la fin de la cuisson, le soufflé n'est pas encore doré, retirez le moule du bain-marie et laissez cuire 5 à 10 minutes de plus à 200°.

Photo n° 6 : saupoudrez le soufflé de sucre dès sa sortie du four. Servez aussitôt.

Variante : Soufflé au chocolat

Imbibez les biscuits à la cuillère de rhum ou de liqueur d'orange et mélangez 100 g de chocolat amer avec le lait. Pour le reste des opérations, il suffit de suivre les indications de la recette précédente.

Compote « soufflée » à l'ananas et aux groseilles

Cette recette se prépare de la même façon que le soufflé salzbourgeois (ci-après), mais son fond de garniture, composé de compote d'ananas et de groseilles lui confère une saveur acidulée. C'est un dessert léger et mousseux.

Il faut, pour 4 personnes :
Pour la compote :
12,5 cl de vin rouge
60 g de sucre
1 pincée de cannelle
1/2 ananas frais
(soit 250 g de fruit)
200 g de groseilles fraîches
2 cl de cognac
Pour le soufflé :
4 blancs d'œufs
40 g de sucre
3 jaunes d'œufs
30 g de farine
Le zeste d'1/2 citron
Pour le moule :
30 g de beurre
Pour décorer :
Du sucre en poudre

Temps de préparation : 1 heure

1. Préparez la compote : portez à ébullition le vin rouge, le sucre et la cannelle.
2. Enlevez l'écorce de l'ananas à l'aide d'un bon couteau et retirez-en la partie dure du centre ; coupez la chair en petits morceaux.
3. Lavez les groseilles, égrenez-les à l'aide d'une fourchette et égouttez-les.
4. Ajoutez les morceaux d'ananas et les groseilles au contenu de la casserole, faites bouillir à gros bouillons pendant 3 à 4 mn.
5. Parfumez avec le cognac et laissez refroidir.
6. Beurrez un moule et remplissez-le de compote.
7. Battez les blancs d'œufs en neige bien ferme en ajoutant le sucre petit à petit dans une jatte assez grande ; prenez la valeur de 2 cuillerées à soupe de cette neige pour la mélanger aux jaunes d'œufs.
8. Incorporez la farine et le zeste de citron au reste de blancs d'œufs de la jatte. Mélangez tous ces ingrédients ensemble en soulevant doucement pour ne pas faire retomber les blancs.
9. Recouvrez la compote de petits tas de pâte et placez au four préchauffé à 220° ; laissez dorer pendant 2 à 4 minutes. Sortez la compote soufflée du four, saupoudrez de sucre et servez aussitôt.

Variante : Soufflé salzbourgeois à la vanille

Recette pour 4 personnes :

Les ingrédients sont les mêmes que ceux de la recette précédente, sauf ceux relatifs à la compote. Le zeste de citron est seulement remplacé par la pulpe d'1/2 gousse de vanille.
Versez directement la pâte dans le moule préalablement beurré. Placez au four préchauffé à 220° et laissez dorer pendant 2 à 4 minutes. Sortez le soufflé du four, saupoudrez de sucre et servez aussitôt.

Variante : Compote « soufflée » aux airelles

Recette pour 4 à 5 personnes :

Garnissez le fond d'un moule de biscuits à la cuillère. Mélangez 6 cuillerées à soupe de compote d'airelles avec 3 cuillerées à soupe d'un bon vin rouge et versez sur les biscuits. Attendez un quart d'heure avant de recouvrir de pâte et mettez au four jusqu'à ce que le soufflé soit doré.

Gâteau au chocolat

Il faut, pour 6 à 8 personnes
(soit un moule
d'une contenance d'1,2 l) :
90 g de chocolat amer
6 jaunes d'œufs
1/2 gousse de vanille
ou 1 cuil. à café
de vanille liquide
100 g de sucre
1 cuil. à café de cannelle
en poudre
50 g de poudre d'amandes
60 g de noix concassées
6 blancs d'œufs
250 g de crème fraîche
2 cuil. à soupe de sucre
Pour le moule :
Du beurre
Du sucre

Temps de préparation : environ 1 heure 30 minutes

1. Beurrez un moule et saupoudrez d'une fine couche de sucre.
2. Cassez le chocolat en morceaux et faites-le fondre à petit feu dans une casserole. Ajoutez-y les jaunes d'œufs, la vanille, la moitié du sucre et la cannelle.
3. Dans un bol, mélangez les noix et la poudre d'amandes.
4. Battez les blancs en neige en ajoutant petit à petit les 50 g de sucre restants.
5. Incorporez un quart de cette neige à la crème au chocolat et le reste au mélange de noix et d'amandes. Mélangez le tout doucement en soulevant pour éviter que les blancs ne retombent.
6. Remplissez le moule de cette pâte et placez-le dans un récipient rempli d'eau (l'eau doit arriver 2 cm au-dessous du bord du moule) ; faites cuire au four préchauffé à 170° pendant 35 à 40 mn. L'eau doit rester juste audessous de la température d'ébullition. Pour s'assurer que le gâteau est cuit à point, enfoncez la pointe d'un couteau au cœur du gâteau ; elle doit ressortir sèche.
7. Fouettez la crème fraîche avec 2 cuillerées à soupe de sucre jusqu'à ce qu'elle soit bien lisse et pas trop dure.

Vous pouvez servir ce gâteau avec de la crème fouettée et de la compote d'airelles.

Compote d'airelles

Il faut, pour 6 à 8 personnes :
250 g d'airelles fraîches
ou surgelées
2 cuil. à soupe de miel
2 cuil. à soupe de sucre
12,5 cl de vin rouge
1 bâton de cannelle ou 1 cuil.
à café de cannelle en poudre

Temps de préparation : 20 minutes

1. Lavez les fruits, enlevez les queues et laissez-les égoutter.
2. Mélangez le miel avec le sucre, le vin rouge et la cannelle. Versez dans une casserole et portez à ébullition ; laissez bouillir pendant 5 minutes. A ce moment, ajoutez les airelles et laissez bouillonner tout doucement pendant encore 5 mn. Servez la compote une fois refroidie avec le gâteau au chocolat.

Variante : Gâteau au chocolat et aux épices

Recette pour 6 à 8 personnes :
Pour le réaliser, il vous faut :
80 g de chocolat amer
6 jaunes d'œufs
100 g de sucre
Le zeste d'un citron
1 pincée de poudre de clous de girofle,
1 pincée de cardamome
1 cuillerée à café de cannelle
50 g de pâte d'amandes
80 g de poudre d'amandes
50 g de chapelure
6 blancs d'œufs

La recette est la même que la précédente. Les épices et la pâte d'amandes sont simplement mélangées avec la pâte du gâteau. Servez accompagné de crème fouettée ou bien de sabayon à la française (recette p. 10).

Gâteau aux fruits

Il faut, pour 4 gâteaux individuels (soit 4 moules de 7-8 cm de diamètre) :
1/4 l de lait
1 gousse de vanille
130 g de beurre
120 g de farine
11 blancs d'œufs
8 jaunes d'œufs
100 g de sucre
50 g de poudre d'amandes
Pour les moules :
Du beurre
Du sucre
Pour la sauce d'accompagnement :
1 cuil. à soupe de beurre
150 g de sucre en poudre
Le jus de 2 oranges
400 g de fruits mélangés (fraises, framboises, mûres, petits cubes de melon, grains de raisin, morceaux d'ananas par exemple)
Pour la garniture :
Crème Chantilly

Temps de préparation : 45 minutes
Temps de cuisson : 25 à 30 minutes

1. Beurrez les moules, puis saupoudrez-les de sucre.
2. Faites chauffer le lait avec la gousse de vanille que vous aurez préalablement fendue. Portez à ébullition puis ôtez la gousse de vanille.
3. Faites fondre doucement le beurre dans une casserole, ajoutez-y la farine d'un seul coup et mélangez rapidement pour faire un roux ; incorporez alors peu à peu le lait chaud sans retirer la casserole du feu.
Pour obtenir une pâte bien lisse, on peut la tamiser s'il reste des grumeaux.
4. Versez ce mélange dans un grand récipient, ajoutez-y 3 blancs d'œufs non battus, puis, l'un après l'autre, les 8 jaunes d'œufs. Mélangez très soigneusement.
5. Battez les 8 blancs d'œufs restants en neige en ajoutant le sucre petit à petit, et incorporez le tiers des blancs à la pâte lisse et crémeuse en fouettant, puis le reste, très délicatement, avec la poudre d'amandes, en soulevant les blancs, sans tourner ni battre.
6. Remplissez les moules aux 3/4 de leur hauteur et placez-les dans un récipient rempli d'eau (l'eau doit arriver 2 cm au-dessous du bord des moules) ; faites cuire au four préchauffé à 180° pendant 1/2 heure.
7. Pendant ce temps, préparez la sauce ; faites fondre le beurre avec le sucre dans une poêle, laissez caraméliser et mouillez avec le jus d'orange ; tournez vivement.
Laissez refroidir. Ajoutez les fruits préparés à cet effet. Disposez les gâteaux démoulés sur des assiettes individuelles, ajoutez la sauce et les fruits et décorez avec de la crème Chantilly.

Variante : Gâteau aux épices

Recette pour 4 personnes :

Pour le réaliser, il vous faut :
120 g de beurre
100 g de farine
1/4 l de lait
11 blancs d'œufs
8 jaunes d'œufs
100 g de sucre

La pâte est préparée comme dans la recette précédente. Ce n'est qu'à la fin, au moment d'incorporer le reste de blancs d'œufs, que l'on ajoute un mélange fait avec 30 g de noix concassées, une cuillerée à café de cannelle en poudre, une pincée de cardamome et une de clous de girofle. Pour la cuisson, procédez comme précédemment. Servez avec de la sauce au chocolat (recette p. 13).

Pour réaliser ces desserts, il n'est pas nécessaire de réaliser vous-même la glace qui entre dans leur composition. Vous pouvez acheter une glace chez votre pâtissier, cela vous fera gagner du temps ; vous la servirez accompagnée d'une sauce ou d'une mousse de fruits.

Glace à la noix sur mousse au gingembre

Photo ci-contre, au premier plan

Il faut, pour 4 personnes :

200 g de fromage blanc rustique (en faisselle)
3 blancs d'œufs
70 g de sucre
60 g de gingembre confit
2 cl de curaçao
8 petites boules de glace à la noix

Temps de préparation : 15 minutes

1. Laissez égoutter le fromage blanc, qui doit être très froid.
2. Battez les blancs en neige bien ferme avec le sucre, que vous verserez en pluie et au fur et à mesure.
3. Coupez le gingembre en tout petits carrés, mélangez avec le curaçao et le fromage blanc égoutté.
4. Incorporez cette pâte aux blancs en neige. Répartissez cette mousse dans 4 coupes ou verres, et servez accompagné des boules de glace à la noix.

Glace à la cerise sur salade de fruits

Photo ci-contre, à gauche à l'arrière-plan

Il faut, pour 4 personnes :

500 g de fruits (par exemple raisin, melon, figues fraîches, framboises, pêches, abricots)
3 cuil. à soupe de sucre en poudre
4 cl de kirsch ou d'eau-de-vie de framboise
8 boules de glace à la cerise

Pour décorer :

125 g de crème fraîche
1 cuil. à soupe de sucre

Temps de préparation : 25 minutes

Il est conseillé de choisir des fruits de saison pour composer la salade de fruits.

1. Coupez ces fruits en petits morceaux et placez-les dans un grand saladier.
2. Saupoudrez de sucre et arrosez d'eau-de-vie. Couvrez et laissez macérer pendant 1 heure.
3. Versez la salade de fruits dans des verres, disposez les boules de glace sur le dessus.
4. Décorez avec de la crème Chantilly.

Glace à la crème de framboise

Photo ci-contre, à droite à l'arrière-plan

Il faut, pour 4 personnes :

1/4 l de vin rouge
Le jus d'1 orange et d'1/2 citron
80 g de sucre
400 g de framboises fraîches ou congelées
1 cuil. à café de gélifiant
4 boules de glace à la vanille
4 boules de glace au chocolat

Pour décorer :

125 g de crème fraîche
1 cuil. à café de sucre
Des gaufrettes

Temps de préparation : 15 à 20 minutes

1. Versez dans une casserole le jus de l'orange et du 1/2 citron, le vin et le sucre. Laissez bouillir à gros bouillons pendant 2 à 3 minutes.
2. Ajoutez alors les framboises et portez de nouveau à ébullition.
3. Délayez le gélifiant dans un peu d'eau, versez-le dans la casserole pour lier la sauce et laissez bouillir quelques minutes puis retirez du feu. Laissez refroidir.
4. Répartissez la crème à la framboise dans des coupes, recouvrez d'une boule de chaque parfum de glace.
5. Décorez avec de la crème fouettée. Disposez une gaufrette sur chaque coupe.

Sorbets aux fruits

Le sorbet peut aussi bien être servi en dessert qu'entre les plats, comme rafraîchissement. Pour le réussir, le mieux est d'utiliser une sorbetière. Mais, si vous n'en avez pas, il suffit de remuer le mélange à plusieurs reprises alors qu'il est en train de prendre. Cela afin d'éviter que des paillettes se forment.

Sorbet à la noix de coco

Photo ci-contre, à gauche au premier plan

Il faut, pour 6 personnes :
25 cl de lait de coco
12,5 cl d'eau
2 cl de rhum vieux
2 blancs d'œufs
100 g de sucre
De la sauce au chocolat (recette p. 13)
Des gaufrettes ou des cigarettes

Temps de préparation : 15 minutes
Temps de réfrigération : 3 à 6 heures

1. Mélangez le lait de coco avec l'eau et le rhum.
2. Battez les blancs d'œufs en neige en ajoutant le sucre petit à petit.
3. Mélangez les blancs battus avec le lait de noix de coco et le rhum et placez cette crème dans la partie « freezer » du réfrigérateur. Lorsque le sorbet est pris, démoulez et disposez des boules de sorbet dans des verres préalablement passés sous l'eau glacée. Décorez avec de la sauce au chocolat et des gaufrettes.

Sorbet au kiwi

Photo ci-contre, à droite au premier plan

Il faut, pour 8 à 10 personnes :
150 g de sucre
1/4 l d'eau
450 g de kiwis
1 blanc d'œuf
Le jus d'un citron
1/4 l de vin blanc
Pour la sauce d'accompagnement :
250 g de framboises
2 cuil. à soupe de miel
40 g de sucre
12,5 cl de vin rouge
2 cl d'eau-de-vie de framboise

Temps de préparation : 45 minutes
Temps de réfrigération : 3 à 6 heures

1. Versez l'eau et le sucre dans une casserole, portez à ébullition et retirez le sirop du feu ; laissez refroidir.
2. Épluchez les kiwis et écrasez-les en purée ; passez-les au tamis.
3. Battez le blanc d'œuf en neige.
4. Mélangez la pulpe de kiwis avec le jus de citron, le vin, le blanc en neige et le sirop de sucre. Versez dans un moule et placez dans la partie « freezer » du réfrigérateur.
5. Écrasez les framboises ou passez-les au mixer, versez dans une casserole et ajoutez-y le miel, le sucre et le vin rouge ; portez à ébullition. Après l'ébullition, baissez le feu et laissez réduire pendant 10 à 12 minutes. Parfumez avec de l'eau-de-vie de framboise. Passez au tamis et laissez refroidir.
5. Placez des boules de glace dans des verres préalablement passés sous l'eau froide, et recouvrez de sauce.

Sorbet à la groseille

Photo ci-contre, à l'arrière-plan

Il faut, pour 6 à 8 personnes :
500 g de groseilles rouges
12,5 cl de vin blanc doux
2 blancs d'œufs
110 g de sucre
6 à 8 pêches
Un peu de crème de cassis

Temps de préparation : 20 minutes
Temps de réfrigération : 3 à 6 heures

1. Lavez les groseilles, égrenez-les avec une fourchette et écrasez-les en purée. Placez cette purée dans un récipient et ajoutez le vin. Passez au tamis.
2. Battez les blancs en neige en ajoutant peu à peu le sucre.
3. Incorporez les blancs à la purée de fruits, mettez dans un moule à glace et placez dans la partie « freezer » du réfrigérateur.
4. Passez des verres sous l'eau la plus froide possible, disposez au fond de chaque verre les moitiés de pêche, versez un peu de crème de cassis dans les creux laissés par les noyaux. Recouvrez de boules de sorbet.

Pour raffiner, vous pouvez utiliser une douille et donner ainsi une plus jolie forme au sorbet.

Granités aux fruits et à l'alcool

Ils sont très peu sucrés et sont composés de jus de fruits assez amers et de vin ou de champagne. Ils n'ont pas l'apparence d'une crème glacée, mais plutôt celle de glace pilée.

Granité aux fruits et au vin rouge

Photo ci-contre, au premier plan

Il faut, pour 4 personnes :
90 g de sucre
10 cl d'eau
Le jus d'1/2 citron vert
Le jus d'1/2 orange
Quelques feuilles de mélisse
0,35 l d'un bon bordeaux (1/2 bouteille)
250 g de fruits frais mélangés (ananas, melon, framboises, pêches, etc.)
1 cuil. à café de jus de citron ou de citron vert

Temps de préparation : 30 minutes
Temps de réfrigération : au moins 3 heures

1. Versez dans une casserole le sucre, l'eau, le jus de citron vert et d'orange et les feuilles de mélisse. Faites bouillir pendant 2 à 3 minutes, puis retirez du feu et laissez refroidir.
2. Ajoutez alors le bordeaux et enlevez les feuilles de mélisse. Versez le tout dans un bac à glaçons et mettez dans la partie « freezer » du réfrigérateur.
3. Quand le bord commence à prendre, remuez avec une cuillère et répétez l'opération à plusieurs reprises.
4. Placez dans un plat les fruits lavés et coupés en morceaux, ajoutez le sucre et le jus de citron ou de citron vert, couvrez et laissez macérer quelques minutes au réfrigérateur.
5. Servez le sorbet dans des verres individuels accompagnés des fruits, qui doivent être très frais.

Granité à la menthe

Photo ci-contre, à l'arrière-plan

Il faut, pour 4 personnes :
30 g de sucre en poudre
1/2 bouteille de champagne brut ou 0,35 l de vin blanc sec
Le jus d'1/2 citron
1/2 cuil. à soupe de feuilles de menthe hachées
8 cuil. à soupe de liqueur de menthe
Pour décorer :
Quelques feuilles de menthe et des quartiers de citron vert

Temps de préparation : 10 minutes
Temps de réfrigération : au moins 3 heures

1. Saupoudrez de sucre un bac à glaçons. Mélangez le champagne ou le vin blanc avec le jus de citron et les feuilles de menthe écrasées et versez le tout dans un moule.
2. Faites durcir en mettant dans la partie « freezer » du réfrigérateur. Quand le bord commence à prendre, remuez avec une cuillère et répétez plusieurs fois l'opération.
3. Démoulez et répartissez le sorbet dans des verres, arrosez chaque part de 2 cuillerées à soupe de liqueur de menthe. Vous pouvez décorer avec des feuilles de menthe et des quartiers de citron vert.

Variante : Granité aux fraises des bois

Pour 4 à 8 personnes :
250 g de fraises des bois fraîches
Le jus d'1 citron ou d'1 orange
70 g de sucre
3/8 de vin rouge léger

Réduisez en purée les fraises des bois, mélangez avec le jus d'un citron ou d'une orange, le sucre et le vin rouge. Procédez ensuite en suivant les indications données dans la recette précédente.
Servez avec de la crème Chantilly encore molle, éventuellement parfumée à la vanille.

Soufflé glacé à l'orange

Cette glace a la légèreté d'un soufflé. C'est pour cette raison qu'elle est servie dans un moule à soufflé ; on la recouvre ensuite de cacao, et on la présente telle, dans le moule à soufflé.

Il faut, pour 8 personnes
(soit un moule d'une contenance d'1 l 1/4) :
8 jaunes d'œufs
250 g de sucre
3 feuilles de gélatine
1/4 l de jus d'orange
(soit l'équivalent d'environ 3 oranges bien juteuses)
2 cl de Cointreau
4 blancs d'œufs
375 g de crème fraîche
1 cuil. à soupe de sucre semoule
Pour décorer :
Du cacao

Temps de préparation : 50 minutes
Temps de réfrigération : une nuit

1. Battez dans une casserole les jaunes d'œufs et 125 g de sucre jusqu'à ce que le mélange blanchisse et soit bien crémeux.
2. Faites tremper la gélatine dans un peu d'eau, puis égouttez-la et délayez-la dans le mélange précédent.
3. Faites chauffer le contenu de la casserole au bain-marie sans arrêter de tourner jusqu'à ce que la crème nappe la cuillère.
4. Retirez du feu, ajoutez le jus d'orange et le Cointreau, mélangez bien et versez la crème dans un récipient, puis placez-la au réfrigérateur pour faire légèrement durcir.
5. Battez les blancs en neige en versant le sucre restant petit à petit.
6. Sortez le récipient du réfrigérateur et incorporez délicatement les blancs en neige à la crème.
7. Fouettez la crème fraîche ; ajoutez-y une cuillerée de sucre en poudre, mélangez avec la crème en soulevant doucement la préparation. Pour rehausser le moule, confectionnez une couronne de papier (avec du papier sulfurisé) et collez-la avec du ruban adhésif sur les bords extérieurs du moule. Remplissez de crème en prenant soin de bien lisser le dessus. Placez le moule dans la partie « freezer » du réfrigérateur et laissez-le toute une nuit.
8. Au moment de servir, retirez avec précaution la couronne de papier, et saupoudrez de cacao.

Variante : Soufflé glacé à la fraise

Recette pour 8 personnes :
La préparation est la même que celle du soufflé glacé à l'orange, à la seule différence que le jus d'orange est remplacé par un mélange de jus de citron et de vin blanc. Mélangez la purée de fraises avec la moitié de la crème, versez dans le fond du moule et recouvrez avec le reste de la crème au citron.

Variante : Soufflé glacé au café

Recette pour 8 personnes :

La préparation de ce dessert légèrement amer et très aérien est presque identique à celle du soufflé glacé à l'orange.
Il suffit de remplacer le jus d'orange et le Cointreau par 1/4 l de café fort sucré et 2 cl de liqueur de café.
Vous pouvez accompagner ce soufflé glacé d'une sauce aux griottes chaude. Recueillez le jus de 450 g de griottes (soit environ 1 verre), ajoutez 80 g de sucre et une pincée de cannelle et portez à ébullition. Liez avec 2 cuil. à café de Maïzena.

Crème glacée aux trois parfums

Photo ci-contre, au premier plan

La crème glacée ou le parfait sont des desserts faciles à réaliser et à réussir.

Il faut, pour 10 à 12 personnes
(soit 1 l 1/2 de glace) :
650 g de crème fraîche
150 g de sucre en poudre
120 g de fraises
1/2 gousse de vanille ou 1 cuil. à café de vanille liquide
75 g de chocolat amer
Pour décorer :
125 g de crème fraîche
1 cuil. à soupe de sucre
Quelques fraises

Temps de préparation : 35 minutes
Temps de réfrigération : deux fois 15 à 20 minutes en cours de préparation, puis 12 heures (une nuit)

1. Fouettez la crème fraîche avec le sucre jusqu'à ce que le mélange devienne bien ferme. Versez-le en quantités égales dans trois bols.
2. Préparez la première couche de glace parfumée à la fraise ; mélangez les fraises passées au mixer ou réduites en fine purée avec le contenu de crème fouettée de l'un des trois bols. Garnissez un moule rectangulaire assez profond d'une feuille d'aluminium et versez-y la crème à la fraise ; lissez le dessus et placez dans la partie « freezer » du réfrigérateur pendant 15 à 20 minutes.
3. Pendant ce temps, mélangez le contenu de l'un des deux bols restants avec la pulpe extraite de la gousse de vanille ou la vanille liquide.
4. Versez dans le moule sur la crème à la fraise et faites réfrigérer à nouveau pendant 15 à 20 minutes.
5. Pour la dernière couche de glace, faites fondre le chocolat au bain-marie et mélangez-le avec le reste de crème fouettée alors qu'il est encore tiède ; versez cette dernière couche sur la crème à la vanille. Laissez au « freezer » pendant toute une nuit.
6. Démoulez la crème glacée en retirant avec précaution le papier d'aluminium.
7. Préparez la crème fouettée en battant la crème fraîche avec le sucre et décorez-en la glace. Disposez quelques morceaux de fraises sur le dessus.

Parfait à la noix

Photo ci-contre, à l'arrière-plan

Il faut, pour environ 8 personnes
(soit un moule rectangulaire assez creux d'une contenance d'1 l) :
80 g de sucre
120 g de noix concassées
Un peu d'huile
0,2 l de lait
1/2 gousse de vanille ou 1 cuil. à café de vanille liquide
4 jaunes d'œufs
80 g de sucre
50 g de miel
2 cl de jus de citron
350 g de crème fraîche

Temps de préparation : 30 à 40 minutes
Temps de réfrigération : une nuit

1. Préparez un caramel : versez 80 g de sucre dans une casserole et placez-la sur feu doux. Dès que le sucre commence à fondre, remuez avec une cuillère en bois jusqu'à ce qu'il prenne une belle couleur dorée. Ajoutez alors les noix concassées et mélangez bien.
2. Huilez une plaque à pâtisserie et versez-y le mélange de sucre et de noix, puis laissez refroidir.
3. Portez le lait à ébullition ; ajoutez-y la vanille et laissez tiédir.
4. Dans un grand récipient, mélangez les jaunes d'œufs avec 80 g de sucre, le miel et le jus de citron jusqu'à ce que la crème soit bien homogène.
5. Enlevez la gousse de vanille du lait (le cas échéant) et incorporez-le lentement à la pâte crémeuse.
6. Reversez dans une casserole et faites réchauffer sur feu très doux ; retirez la casserole du feu avant le premier bouillon ; laissez refroidir.
7. Fouettez la crème fraîche puis, lorsqu'elle est un peu ferme, mélangez-la avec la crème à la vanille en ajoutant les morceaux de noix enrobés de sucre. Versez dans un moule garni d'une feuille d'aluminium et placez au « freezer » jusqu'au lendemain.

Si le moule n'a pas été garni de papier d'aluminium, il suffira, pour démouler la glace sans problème, de plonger le moule un court instant dans de l'eau bouillante.

Parfait meringué

Photo ci-contre, au premier plan

Il faut, pour 6 à 8 personnes
(soit un moule
d'une contenance d'1 l) :

1/4 l de jus d'orange
150 g de sucre
50 g de gingembre confit
2 jaunes d'œufs
50 g de sucre
500 g de crème fraîche
2 cl de Cointreau
2 meringues achetées toute faites
1 cuil. à soupe de cacao

Temps de préparation : 35 à 40 minutes
Temps de réfrigération : une nuit

1. Versez dans une casserole le jus d'orange et le sucre et portez à ébullition.
2. Coupez le gingembre en tout petits morceaux et ajoutez-le au contenu de la casserole. Laissez refroidir.
3. Battez les jaunes d'œufs en crème avec le sucre jusqu'à ce que le mélange blanchisse.
4. Fouettez la crème fraîche jusqu'à ce qu'elle devienne très ferme. Mélangez le jus d'orange refroidi avec la pommade œufs-sucre, incorporez la crème fouettée et le Cointreau ; il faut que la crème soit bien onctueuse.
5. Garnissez un moule d'une feuille d'aluminium et remplissez-le de crème, lissez bien le dessus et laissez au « freezer » pendant toute une nuit.
6. Démoulez, retirez le papier d'aluminium et recouvrez le parfait de meringue écrasée au rouleau à pâtisserie ; saupoudrez de cacao et servez aussitôt.

Cygnes en meringue et parfait

Photo ci-contre, à l'arrière-plan

Il faut, pour 12 cygnes environ :

8 blancs d'œufs
250 g de sucre
200 g de sucre glace
30 g de Maïzena

Temps de préparation : environ 40 minutes
Temps de cuisson : 3 heures
Temps de séchage : une nuit

1. Battez les blancs d'œufs en neige : quand ils commencent à monter, versez en pluie et petit à petit 200 g de sucre.
2. Mélangez le reste de sucre avec la Maïzena et incorporez très délicatement le mélange aux blancs d'œufs en neige, qui doivent être très fermes. Remuez en soulevant avec une cuillère en bois jusqu'à ce que le mélange soit bien lisse.
3. Dessinez des cygnes sur l'envers d'une feuille de papier sulfurisé : soit 12 S pour le cou et la tête et 24 ailes. Posez la feuille sur une plaque à pâtisserie en prenant soin de placer l'endroit sur la plaque ; il faut aussi coller avec un peu de blancs battus pour qu'elle ne glisse pas. A l'aide d'une douille (n° 5), reproduisez les formes dessinées sur le papier avec les blancs d'œufs.
4. Placez la plaque à pâtisserie au four préchauffé à 120° et laissez cuire pendant environ 3 heures. Laissez le four légèrement entrouvert pendant la cuisson. Ne retirez la meringue du four que le lendemain matin afin qu'elle puisse sécher pendant la nuit dans le four éteint.
5. Placez les parts de parfait (préparé suivant les indications de la recette précédente) dans les assiettes, enfoncez le cou de meringue dans le parfait et collez les ailes sur les côtés dans le sens de la longueur. Servez avec de la sauce au chocolat (recette p. 13).

Index

Index

Achevé d'imprimer
le 5-9-1989
par Mohndruck Gütersloh
pour France Loisirs
N° d'éditeur 15309
Dépôt légal: Septembre 1989
Imprimé en R.F.A.